사진으로 보는

獨立運動

외침과 투쟁

발간에 즈음하여

단위 민족의 역사기복은 주변 민족과의 역동적인 상호작용으로 기술될 수 있다. 그러나 어디까지나 단위 민족의 생명은 그 민족의 주체역량에 달려 있다.

멀리 서로마제국은 흉노족의 침략을 물리치기 위해 용병으로 무장시킨 고트족에 의해 멸망됐다. 그러나 로마제국의 멸망은 로마제국을 지탱하던 지배계급이 망했다는 사실일 뿐 로마제국을 형성하는 인민들이 죽었다는 사실은 아니다.

20세기 출발을 전후하여 서양의 초기 기계 물질문명으로 무장한 일본의 군벌은 비물질적 정신문명의 한국을 침략하고 500년 조선조를 붕괴시켰다.

100년 전을 돌아다 볼 때 우리 민족에게는 아무런 잘못이 없다. 순전히 일본의 죄과뿐이다. 서양 기계 문명을 불과 한 세대 앞서 받아들인 일본의 비인도적 야만성을 들어낼 뿐이다.

1900년을 전후하여 정치적·사회적으로 누적된 내부모순과 근대화문제라는 외부적 도전 앞에서 조선조의 조정과 민중 사이에는 고조된 긴장관계가 있었지만 이것은 우리 민족 내부의 문제요, 우리 민족 자체 역량으로 이 모순과 갈등을 해소해야 했고 얼마든지 해소할 수 있는 것이었다.

1890년대에서 1910년까지 약 20년간, 「독립협회」의 민주화운동, 「대한자강회」의 애국계몽운동, 그리고 「신민회」의 정치결사운동, 「서북학회」를 비롯한 각 지역 「학회」의 교육·문화운동은 민족역량을 과시하는 것이었다.

제1차, 2차, 3차의 전국적 규모의 의병무장투쟁은 보다 치열한 민중역량의 과시였다.

1910년, 「대한제국」의 붕괴로 이들 민족주체세력은 해외로 일시 망명 내지 일시 퇴각할 수밖에 없었다.

3·1운동 직후 이들 민족주체세력은 국제도시 상해에 집결하여 「대한민국임시정부」를 수립했다.

최근 논란이 격심한 「식민사관」의 극복 문제와 「민족주체사관」 제기는 위의 기술과 관련되며, 일제 36년간 왜곡당하고 지워졌던 「민족주체역량」의 재발견이라고 할 수 있다.

우리는 19세기 후반부터의 근대사를, 민족의 각성사·응전사·투쟁사라는 민족주체사관으로 일관시켜야만 한다.

이런 각도에서 폐사는 이미 간행된 〈사진으로 보는 근대조선〉(전 3 권)에 이어 〈사진으로 보는 독립운동〉(전 2 권)을 간행하여 근대사 사진자료의 일차 정리를 시도해 본 것이다.

이 작업을 진행시키면서 첫째 난점은 사진자료의 대부분이 여러가지 출판물에 소개되는 동안에 축소·확대·절단되어 재복사·재재복사의 과정을 밟았다는 사실이다. 이를 극복하기 위해 국내외를 광범위하게 탐사, 원사진 아니면 원사진에 가까운

사진을 수집하는 데에 진력했다. 둘째 역사의 현장을 사진으로 재현하는 일이 너무나 어려움을 절감했다. 특히 민족주체세력의 독립투쟁 관계 사진의 희귀성은 이 자료집 간행을 어렵게 했다.

문헌상으로는 투쟁사실이 밝혀졌지만 사진자료는 원래 없었거나, 있었다고 해도 망실되어 발굴할 수 없었다.

이번에 발간하는 〈독립운동〉(전 2 권)은 이상 기술한 두 가지 난점 위에서 이루어진 결과임을 고백하고 결코 완성된 것이 아니라 하나의 시작임을 밝혀두는 바이다.

1 9 8 7 . 5.   서 문 당

협 조 처 : 독립기념관
동아일보사
조선일보사
한국사진사연구소
한국역사 자료연구원
日本·國書刊行會

사진으로 보는

獨立運動 〔上〕차례

Contents

제 6 장   나라가 없어지던 날

제 7 장   國外의 獨立運動

제 8 장   3·1獨立運動

조선조 이왕가(李王家) 일가. 왼쪽부터 황태자 영친왕, 순종, 고종, 순종비, 덕혜옹주(나라를 빼앗긴 1915년경).

Yi-royal family of the Chosŏn Dynasty. from left; The Crown prince Yŏngch'in, King Sunjong, King Kojong, Crown princess, princess Tŏkhe (Around 1915 when the Korean people lost all of their national sovereignty and independence to Japan).

제 1 장

Chapter 1 The Dynasty in Threatening State

風雲의 王朝

　1876년(고종 13년) 한일수호조약에서 1907년 고종이 헤아밀사사건으로 양위하기까지의 32년간은 조선조 500년을 통해 가장 격심한 국난기였다.

　임오군란(1882), 갑신정변(1884), 동학혁명(1894), 청일전쟁(1894), 민비시해(1895), 노일전쟁(1904), 을사보호조약(1905) 등은 국내외적으로 왕조의 몰락을 재촉하고 말았다.

　이 국난기에 집권 조정은 족벌정치에다 친청·친로·친일로 분열되고 지식층은 보수적인「위정척사파」와 과격한「개화파」로 갈라져 밀고 당기는 형국이었다.

　「독립협회」(1887)를 통한 근대민족국가를 지향하는 애국시민운동이 없었던 것은 아니지만 결과적으로 우리 민족이 세계사에 편입되고 민족국가로 재출발, 민족적 자주와 번영을 이룩할 수 있는 기회를 우리 민족 스스로가 놓쳐 버리는 비운을 맞고 말았다.

신미양요, 미 군함 강화도에 침범

Shinmiyangyo(Shinmi literarily means the 8th binary term of the sexagenary cycle, and Yangyo, invasion of Korea by a Western power).

셔먼호 사건 이후 1871년 4월 14일, 북경주재 미국공사 로우는 미국정부의 훈령을 받고 아시아함대사령관 로저스와 상의, 군함 5척에 군사 1,200명을 태워 남양(南陽) 앞바다에 도착 통상문제를 놓고 조선조 조정과의 교섭을 벌였으나 여의치 않자 강화도 초지진과 덕진을 점령하고 다시 북진, 치열한 광성진(廣城鎭)의 공방전을 전개한 후 그해 5월 16일 (양력 7월 3일)에야 「외국사신을 배척함은 불미한 일이라」는 말을 남기고 미군은 물러갔다. 이 결과로 대원군은 전국 각지에 척화비를 세워 양이(洋夷)에 대한 적개심을 불러일으켜 쇄국정책을 강화했다.

It was an incident caused by American naval units which seized the forts on Kanghwa Island off the sea of Namyang in 1871, and forced a commercial treaty with Korea which was known for centuries as the 'hermit kingdom'.
The incident paved the way for the signing of similar treaties with foreign countries, thus becoming a pawn of the contending western powers.

1871. 4.14, 남양 앞바다에 모습을 나타낸 아시아함대사령관 로저스제독의 기함(旗艦) 콜로라도호(길이79cm, 배수량 3,425톤, 대포 44문, 스크류 프리키트 증기선).

Admiral Rodgers' flagship, Colorado, a fri-gate, which appeared on the sea of Namyang on Apr. 14th. 1871

아시아함대사령관 로저스(Rodgers) 제독 휘하의 전함 모나카시호.

An American warship under the command of Admiral Rodgers, commander of the Pacific fleet.

신미양요 당시 미군에 점령
당한 강화도 초지진의 포대지.

Korean forts on kanghwa
Island, seized by American
units during Shinmiyangyo.

조선조에 통상을 강요하면서
감행한 미군의 초지진 상륙작
전(1871. 4. 23).

American invasion of Cho-
jijin, Kanghwa Island in or-
der to force Korea to ac-
cept a commercial treaty
(Apr. 23. 1871).

상륙한 미군에 의해 파괴된 초
지진의 포대지.

Ch'ojijin forts devastated by
American units.

광성진 공방전 때 미군의 포로가 된 조선조 군인들 (이 전투에서 아군은 중군 어재연(魚在淵)·어재순(魚在淳), 군관 이현학(李玄鶴)·천 총(千摠)·김현경(金鉉暻), 광성별장 박치성(朴致成) 등이 전사했고, 미군측도 매키(McKee) 해군중위 등 3명이 전사 10여 명이 부상했다.

A villager with on armful of peculiar beer bottles discarded by Americans.

Korean prisoners captured during the Kwangsŏnjin battle.

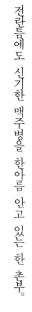

전란틈에도 식기한 맥주병을 한아름 안고 있는 한 촌부.

Bodies of Korean garrison who died in The Kwang-sŏnjin battle.

광성진 공방전에서 전사한 아군 병사들의 참혹한 모습.

미군 선상의 포로 인수작업. 첨사(僉使) 이염(李濂) 이하 아군이 초지진을 야습하여 미군 선박을 물리친 후 공격의 무모함을 깨달은 미군은 포로를 인도하고 물러갔다.

Korean prisoners were transferred to Korean envoy after American warships met severe night attacks from the garrison.

조선조 문정관과 연락원. 미국군함 5척이 남양 앞바다에 나타나 해면과 수로를 측량하면서 홀유도(忽溜島) 부근에 정박하자 충돌사태에 대비하는 한편 교섭을 진행시키기 위해 문정관(問情官)을 파견했다. 그러나 미군은 파견된 문정관의 품계가 낮다는 이유로 협상을 거절했다.

A Korean representative and a liaison officer who were dispatched to an American naval boat to discuss impending trade issues. But the American gave a flat refusal due to the representative's lower rank.

American naval staff mapping out a plan of landing operations aboard the flagship, Colorado (Apr. 21st). Sitting at right is Admiral Rodgers.

기함 콜로라도 선상에서 강화도 초지진 상륙을 위한 작전회의(4.21)를 주재하는 로저스제독(앉아 있는 오른쪽).

강화도 덕진을 점령하고 돈대(墩台) 위에 늘어선 미군들의 모습.

American soldiers atop on eminence of the captured garrison of Tŏkjin, Kanghwa Island.

American soldiers standing at attention before the captured Korean commander's flag.

노획한 아군의 수자기(帥字旗)를 군함 위에 걸어 놓고 부동 자세를 취하고 있는 미군들.

쇄국이냐 개국이냐

Closing or Opening the door policy?

Exclusionism of Taewongun(1820-1898). Factional warfare at the court in the last guarter of the 19th century centered around the controversy over closing or opening the door policy. Taewongun, King Kojong's father, had adopted a closed-door policy, refusing trade with western world. But after the westerner's invasion and pressure including Japan, Korea was forced to open the door.

He was overthrown by his political opponent Queen Min, his daughter-in-law, and his exclusionism came to an end in 1873 after 10 years of reins of power.

흥선대원군(1820~1898)의 양이쇄국정책. 1863년 고종즉위로 섭정의 대권을 장악한 흥선대원군은 유교적 절대왕권의 재확립을 서두르는 한편 1866년 프랑스함대의 내습(병인양요), 같은 해의 대동강 셔먼호사건, 1871년의 신미양요 등으로 더욱 굳어진 대원군의 쇄국정책은 그해 6월 12일, 서울종로를 비롯한 전국 각지에 「양이침범 비전즉화 주화매

국 계오만년자손(洋夷侵犯 非戰則和 主和賣國 戒吾萬年子孫)」이란 척화비(斥和碑)를 세워 배외사상을 고취했으나 불과 2년 후인 1873년 집권 10년 만에 민씨척족에 밀려나 실각했고, 1876년의 한일수호조약 이후 조선조는 개방정책으로 나가게 되었다.

Taewongun who was overthrown in 1873 because of his misrules including exclusionism and factionalism. ▶

Central government buildings located at Kwanghwamun around that time when the foreign policy over exclusionism was in focus.

쇄국정책 등의 실정으로 1873년에 실각한 흥선대원군.

1871년, 대원군이 세운 쇄국정책의 상징인 척화비.

An anti-foreigners monument set up by Taewongun symbol of exclusionism.

개항으로의 대외정책 대전환을 전후한 당시의 광화문 육조거리.

운양호 침범 — 포화로 조약체결을 강요

Invasion of the Unyang-Armed treaty enforcement.

민씨척족이 개항정책을 결정하게 된 이유는
① 세계대세로 볼 때 개국을 해야만 될 객
관적 조건이 성숙했으며 ② 일본정부의 무
력시위가 국내의 척화론보다 강력히 작용했
고 ③ 민씨일파가 개국을 버리고 쇄국을 고
수한다는 것은 민씨 일파의 실각, 즉 대원군
의 득세를 초래하는 결과를 가져오는 것이었
고 ④ 청나라가 개국을 지지한 때문이었다.
어쨌든 비록 불평등조약이긴 했으나 이 조약
은 조선조의 국제무대에의 첫 등장이었으며
몇 개월 후 일본에 김기수(金綺秀) 일행의
수신사를 파견하게 되었다.
As the result of the adoption of open-door
policy by Queen Min, the government
sent a group of young politicians to both
Japan and China in an effort, among
others, to expedite Korea's moderniza-
tion.

1875년 9월 20일, 함재포(艦載砲)로 강화도
초지진·영종진에 맹포격을 가하고 육전대를
상륙시켜 약탈을 자행한 일본군함 운양호(雲
揚號).

Japanese warship, the Unyang which in-
vaded Kanghwa Island on Sept. 20, 1875.

8 Japanese warships which anchored off
the sea of Kanghwa Island in Jan, 1876
threatening the signing of friendship
pact.

1876년 1월, 수호조약 강요차 강화도 앞바다
에 정박, 무력시위를 하는 일본의 고웅(高
雄)·일진(日進)·맹춘(孟春) 등 8척의 군
함들.

Japanese warship, The Koung with Kuro-
da, ambassador plenipotentiary and
Inoue, deputy Ambassador aboard off the
sea of kanghwa Island.

전권대사 쿠로다(黒田清隆), 부사 이노우에
(井上馨)를 태우고 강화도 앞바다에 정박중
인 일본군함 고웅호.

강화도수호조약 체결 장소인 당시의 강화성.

Japan appealed to arms to force the signing of the Korea-Japan friendship pact on the opening of the talks.

Panoramic view of Kanghwa Island, site of signing korea-Japan friendship pact.

1876. 2. 11, 진무영에서의 양국대표 회담이 시작되자 일본측은 강화도 서문안 열무당(閱武堂)에 대포를 배치하고 조약체결을 강요하는 무력시위를 벌였다.

1876년, 한일수호조약 체결

Signing of Korea-Japan Friendship treaty, 1876.

우리측 대표 접견대관 신헌(申櫶).
Korea's representative, Shin Hŏn.

1876. 2. 11부터 2. 26까지 양측 회담이 계속된 강화부 서문안의 진무영(鎭撫營).
Site of talks which lasted from Feb. 11 to 26, 1876.

Front gate of kanghwa-bu, site of signing friendship pact.
조약체결 당시의 강화부 정문.

Kuroda, Japanese Ambassador plenipotentiary.
일본측 전권대사 쿠로다(黑田淸隆).

Korean guardsmen watching ramparts and water-gates at Kanghwa-bu while talks were in process.

회담 당시 우리측 수비병이 강화부 갑곶리(甲串里)의 수문(水門)과 성벽을 지키는 모습.

한일 양측 대표의
회담도.

A picture of Korea-Japan conference.

최초의 해외 사절

First Korean mission abroad.

개항후 최초의 일본파견 수신사 김기수. 한일수호 조약체결 2개월 후인 1876. 4. 23 예조참의 김기수(金綺秀, 1832~ ?)를 대표로 수신사 일행을 일본에 파견했다. 그후 1880년에 다시 김홍집(金弘集, 1842~1896) 일행이 수신사로 일본에 파견되었고 1881년에는 「신사유람단」을 파견했다.

Kim, kisu, first ever dispatched to Japan as a friendship representative on Apr. 23rd, 1876 after two months of the signing of the friendship pact. A couple of visit followed the suit in 1880 and 1881, respectively.

First minister plenipotentiary dispatched to U.S.
Friendship mission headed by Min, Yŏngik(1860-1914) visited U.S. on July 8th, 1883 in memory of the signing of Korea-U.S. Friendship pact on May 22nd the preceding year.

최초의 미국파견 전권대신 민영익(閔泳翊). 한미수호 조약체결(1882. 5. 22)을 계기로 1년 후인 1883. 7. 8. 전권대신 민영익(1860~1914) 일행을 도미사절로 파견했다. (앞줄 왼쪽부터 통역관 로우엘·홍영식(洪英植)·민영익·서광범(徐光範), 이들은 최초로 서양문명을 견문하고 돌아왔다.

NEWSPAPER

Entered according to Act of Congress, in the year 1883, by Mrs. Frank Leslie, in the Office of the Librarian of Congress at Washington.— Entered at the Post Office, New York, N. Y., as a Second-class Matter.

No. 1,462.—Vol. LVII.　　　NEW YORK—FOR THE WEEK ENDING SEPTEMBER 29, 1883.　　　[Price, 10 Cents. $4.00 Yearly. 13 Weeks, $1.

NEW YORK CITY.—OFFICIAL RECEPTION OF THE COREAN AMBASSADORS, BY PRESIDENT ARTHUR, AT THE FIFTH AVENUE HOTEL, SEPT. 18th—THE SALAAM OF THE AMBASSADORS.

FROM A SKETCH BY A STAFF ARTIST.—SEE PAGE 86.

뉴욕에서 발행되는 주간지 〈뉴스 페이퍼〉 (1883. 9. 29자)에 게재된 전권대신 민영익 일행이 미국 아더(Arthur) 대통령을 공식 접견하는 사진그림.

임오군란과 일본공사의 도주

Imogunlan(Imo literarily means the 19th binary term of the sexagenary cycle, and Gunlan, military revolt) and Japanese minister's fleeing.

Chosŏn government soldiers revolted against new Japanese military system on June 9th, 1882, and this resulted in the flight of Queen Min, come back of Taewongun to the power and fleeing of Japanese minister.

1882년 6월 9일(양력 7월 23일), 구식군대에 대한 봉급 미지급 불만으로 무위(武衛)·장어(壯御) 2영(營) 군졸들이 일본공사관과 신식 군대인 별기군(別技軍)을 습격하는 난을 일으키자 민비의 피신, 대원군 재집권, 일본공사관원들

의 탈출 등의 사태가 벌어졌다. 사진은 일본기를 들고 인천으로 도주하는 일본공사관원들과 발사 위협에 쫓기는 우리 나라 군인들.

Japanese figures

하나부사(花房義質) 재임 1877~1882	다께소에(竹添進一郞) 재임 1883~1885	오오또리(大鳥圭介) 재임 1893~1894	이노우에(井上馨) 재임 1894~1895

Hanabusa   Takasoe   Otori   Inoue

남산 녹천정 일본공사관 원경. 19
06년 이또오(伊藤博文)가 초대통
감으로 부임할 때까지의 공사관
건물이다.

Japanese consulate located in
Namsan. It was official building
of Japanse consul until Ito pro-
ceeded to the post of Resi-
dent-General in 1906.

임오군란 때 인천으로 도주, 영국
선을 타고 일본 나가사끼(長崎)
에 도착한 하나부사(花房義質)공
사와 공사관원 일행 (7. 29) 하
나부사공사는 8월 12일, 군함 4
척, 호위병 1개 대대를 이끌고 다
시 인천에 도착했다.

Consul Hanabusa and his aides
who fled to Japan due to the
outbreak of Imogunlan. They
came back later with armed
forces including 4 warships.

미우라(三浦梧樓)
재임 1895~1895

고무라(小村壽太郎)
재임 1895~1896

하라(原敬)
재임 1896~1897

하야시(林權助)
재임 1899~1905

Miura

Komura

Hara

Hayashi

개화당 내각의 3일천하—갑신정변

Kim, Okgyun(1851-1894): Leader of the pro-Japanese progressives. He was assassinated in Shanghai in 1894 after living in exile in Japan.

1880년대의 선구적 개화사상가인 역관출신 오경석(吳慶錫), 의원 유대치(劉大致), 개화승 이동인(李東仁) 등의 영향아래 김옥균(金玉均), 박영효(朴泳孝), 홍영식(洪英植) 등 개화파 청년들은 일본공사 다께소에(竹添進一郞)의 군사적 지원약속을 믿고 수구파 정권의 타도를 계획, 1884년 12월 4일 이른바 「우정국사건」을 일으켜 수구파 요인들을 암살한 후 혁신정책을 제시하며 「개화당 내각」을 성립시켰으나 서울주재 청국군대의 무력개입으로 좌절, 주역인 김옥균·박영효·서광범(徐光範)·서재필(徐載弼)은 일본으로 망명함으로써 개화당 내각은 3일천하로 끝나고 말았다.

Three-day power of the Progressives-Kapshin jŏngbyŏn(Kapshin is the 21st binary term of the sexagenary cycle, jŏngbyŏn, coup d'état)The Chosŏn government sent a batch of young politicians to Japan and China with the purpose of bringing back to Korea knowledge of new institutions and sciences. It also revised administrative system. These measures incurved a clash between pro-Chinese conservatives and pro-Japanese progressives. These two rival forces for the control of the power characterized The Chosŏn politics.
A coup d'état took place in 1884 under the leadership of the progressive circle, but failed after three days.

김옥균(金玉均 1851~1894), 갑신정변 때 14개조의 혁신정책을 표방하고 개화당 내각을 주도했으나 실패하자 일본에 서의 망명생활을 거쳐 10년 후 상해에서 암살당했다.

서광범(徐光範, 1859~1897). 갑신정변후 일본을 거쳐 미국에 망명했다가 10년 만인 청일전쟁 후 귀국, 제2차 김홍집(金弘集)내각의 법부대신이 되기도 했다.

박영효(朴泳孝, 1861~1939). 13세 때 철종의 딸과 결혼했고 금릉위로서 갑신정변에 가담했다가 일본에 망명했으나 10년 만에 귀국, 제1차 김홍집내각의 내무대신이 되었다.

홍영식(洪英植, 1855~1884). 우정국총판으로 「우정국사건」의 핵심역할을 맡아 갑신정변을 일으키고 실패하자 끝까지 국왕을 호위하다가 수구파에 잡혀 처형 당했다.

Sŏ. Kwangbŏm, A progressive leader

Pak, yŏnghyo A progressive leader

Hong, yŏngshik A progressive leader

Picture taken right before 'post office incident', or out break of three-day coup d'état.

1884년 12월 4일,「우정국사건」을 일으키기 직전에 찍은 개화당 동지들.

Kim, Okgyun was hacked to pieces at Yanghwajin after his body was sent back to Korea.

망명 10년에 일본정부의 처사에 실망, 청국 이홍장의 정치적 도량에 기대하고 상해에 도착했으나(1894. 3. 28) 본국에서 보낸 자객 홍종우(洪鍾宇)에게 피살, 시체는 본국으로 옮겨져 양화진(楊花津)에서 능지처참되었다.

열강의 공사들과 공사관
Consuls and consulates of foreign powers.

Ministers of foreign powers, souvenir picture taken at American Consulate in 1905.

French Consulate 프랑스공사관

열강의 각국 공사들, 1905년 미국공사관에서 찍은 기념사진. 오른쪽 두 번째부터 폰 사르데르 독일공사, 코린 데 브란시 프랑스공사, 알렌 미국공사, 주(周) 청국공사, 조르덴 영국공사, 빈카르트 벨지움공사 등.

British Consulate 영국공사관

벨기에공사관
Belgic Consulate

독일공사관
German Consulate

러시아공사관
Russian Consulate

동학혁명의 불길

Tonghak Revolution

1894년 2월 15일, 전라도 고부군민들은 군수 조병갑(趙秉甲)의 탐학에 항거, 동학접주 전봉준(全琫準)의 영도하에 항쟁이 시작되었다. 원인(遠因)으로서는 19세기 중엽부터의 삼정(三政)의 문란과 흉년으로 삼남일대에 계속된 민란(民亂)을 들 수 있다.

전봉준 영도하에 항쟁의 불길은 만석보(萬石洑)를 파괴하고 관아를 습격 점령하자 점차 농민전쟁의 성격을 띄게 되어 4월 26일 백산(白山)에 집결하여 ① 사람을 죽이지 말고 재물을 손상시키지 말 것. ② 충효를 다하여 제세안민할 것. ③ 왜이(倭夷)를 축멸하여 성도(聖道)를 밝힐 것. ④ 병(兵)을 몰아 서울로 들어가 권귀(權貴)를 진멸할 것 등의 4대강령을 선포했다.

6월 1일에는 전주성(全州城)을 점령했으나 6월 5일 조정이 요청한 청국군 1,500여 명이 인천에 도착하자 6월 12일 관군과의 협상으로 자진 해산했다.

이 동학혁명은 청일전쟁의 직접적 원인이 되었다.

After the coup d'état by the progressives, the Tonghak Revolution under the leadership of Chŏn, bongjun, swept across the entire southern part of the peniusula in 1894, touching off a full-scale war between two rival forces over the country, China and Japan. The later won and she succeeded in securing her hegemony on The 'hermit kingdom'.

1894년 12월 28일 전봉준(全琫準, 1854~1895)은 전라도 순창에서 피체, 서울로 압송되어 다음해 4월 23일 처형, 효수되었다.

Chŏn bongjun(1854-1895) was captured in Chŏllado on Dec. 28th, 1894 and executed in Seoul and his head was displayed as a warning to the people.

동학교주 최제우(崔濟愚, 1824~1864). 사도난정(邪道亂政)의 죄로 대구에서 처형되고 1907년 신원(伸冤)되었다.

Founder of the Tonghak Order, Choe, Jeu (1824-1864)

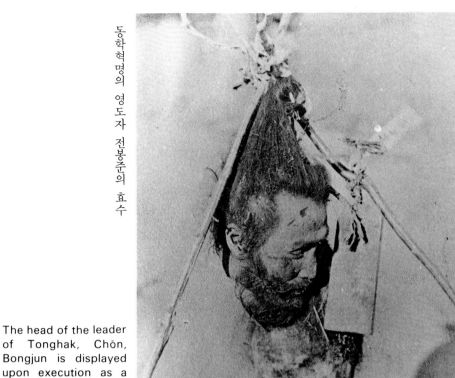

동학 2대 교주 최시형(崔時亨, 1827~1898). 동학혁명 후기 북접(北接) 10만 병력을 이끌고 공주(公州)에서 싸웠으나 참패, 피신했다가 1898년 원주(原州)에서 피체 처형되었다.
Tonghak's 2nd founder, Choe. Shihyŏng

The head of the leader of Tonghak, Chŏn, Bongjun is displayed upon execution as a warning to the people.

Round robin and letter to the local leaders to stand up for action. A round robin was used with the primary purpose of obscuring the eye of authorities to separate the chief mover from other collaborators.

전봉준이 각 마을 동학집강소에 돌려 궐기를 촉구한 사발통문. 주모자를 가려내지 못하도록 원 둘레에 각자 서명하는 것이 사발통문.

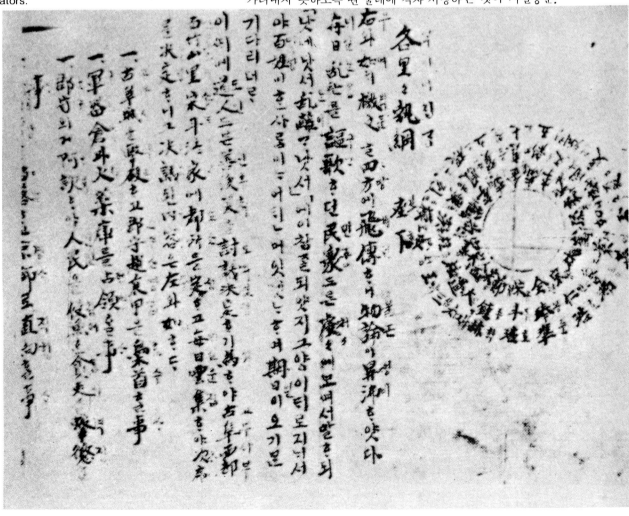

청일전쟁과 일본의 승리
China-Japan War and Japan's victory,

1884년 갑신정변 직후에 이루어진 천진조약(天津條約)으로 조선에 대한 청국과 일본은 세력균형의 소강상태를 유지했으나 1894년의 동학혁명의 진압을 위해 청국군이 파견되자 일본도 천진조약 규정에 의거 군대를 파견하게 되고(6. 12), 이것이 원인이 되어 청일전쟁의 서전인 아산(牙山)·풍도(豊島) 앞바다에서 일본 해군이 청국 해군을 공격, 대승을 거두었고(7. 27) 육지에서는 성환(成歡)전투에서 청군이 다시 대패했다(7. 29). 승승장구한 일본군은 평양(平壤)전투를 거쳐 요동(遼東)을 공격하여 여순(旅順)·위해위(威海衛)를 공격하자 청군은 화의(和議)를 청하고 1895년 4월 17일 일본 하관(下關)에서 강화조약이 조인되었다.

After the failure of coup d'état by the progressives, Tonghak Revolution(1894) took place throughout the southern part of Korea, Touching off an all-out war between China and Japan in 1894-95.
The Japanese forces defeated the Chinese, and the ambitious Japan succeeded in furthering her influence on the peninsula.

Illegal Japanese surprise landing on Inchŏn port during China and Japan war on June 12th, 1894.

1894년 6월 12일 10수척의 군함의 호위를 받으며 38척의 선단을 이용, 오오시마(大島義昌) 소장이 인솔하는 일본군 혼성여단(보병 3,000명, 기마병 300명)이 인천에 예고없이 불법상륙했다.

인천에 상륙 시가지를 행군하는 일본군.

Japanese composite brigade army is marching through a street of Inchŏn.

1894년, 인천을 비롯 부산과 원산으로 상륙했던 청일전쟁 당시의 일본군 진군도.

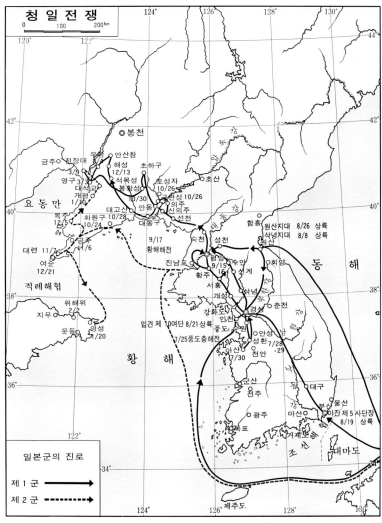

A Japanse War map

1894년 6월 25일 일군 혼성여단은 서울로 진군, 만리창(萬里倉)과 아현동 일대에 주둔했다. 뒷줄 왼쪽부터 두 번째가 오오시마 여단장.
Temporary Japanese army headguarters set up at Man-lichang and Ahyŏngdong, Seoul on June 25th, 1894.

Chinese transport ship sunk by Japanese artillery at Asan Bay. 87 lives were saved among 1200 troops.
1894년 7월 25일, 아산만(牙山灣)에서 일본 해군에 격침된 청군 고승호. 영국 국적의 이 수송선에는 청군 1,200명이 타고 있었는데 생존자는 겨우 87명이었다.

Japanese combat-ready troops right before the Sŏn-
ghwan battle on July 29, 1894.

1894년 7월 29일, 성환(成歡) 전투 직전의 일본군의 전투
대비 사진. 이 전투에서 일군은 80여 명, 청군은 1,000여
명이 전사했다.

Japanese triumphal celebration
after their victory over the Chin-
ese at the Sŏnghwan battle on
July 29th, 1894. A gigantic tri-
umphal arch is seem in the cen-
ter.

1894년 7월 29일의 성환전투 승리
를 기념하여 서울 용산에 개선문을
세우고 만리창에서는 성대한 열병식
을 가졌다.

남의 나라 땅에서 전쟁 — 가는 곳마다 폐허

Battles were carried out on a third country- devastation war ubiquitous.

평양전투에서 파괴된 선교리의 민가. 평양전투의 일군병력은 12,0 00명이었다.

Outskirts of P yŏngyang.12,000 Japanese troops were engaged in the P'yŏngyang battle

Korean soldiers were mobil- ized for watching Chinese prisoners.

청군 포로를 감시하기 위해 일본 은 우리 군졸들을 강제 차출했다.

9월 16일, 평양에 진출한 일본군은 우리의 평양행정청 선화당(宣化堂)을 강제 점거, 일군 제 5사단 사령부로 사용했다.

Sino Japanese peace talks held on march 20th, 1895. Talks included China's recognition of Chosŏn as an independent nation.

The Japanese used a Korean administration building in Pyŏngyang as their 5th Division Hqs.

1895년 3월 20일, 일본 하관(下關)에서 시작된 청·일 강화회담은 4월 17일 조인. 내용은 조선의 독립승인, 만주 요동반도·대만·팽호열도의 일본할양 및 배상금 2억냥. 그러나 열강의 간섭으로 일본은 요동반도를 포기했다.

일본의 명성황후 시해

Queen Min's assassination

Japanese Minister, Miura was a perpetrator in the plot to murder Queen Min(1851-1895).

A French publication introduced this picture carrying the portraits of King Kojong, Queen Min and Taewongun(king's father) 1898년 프랑스에서 발간된 한국소개 출판물 표지. 소개된 고종(高宗)·대원군(大院君)·명성황후의 사진.

Villetard de Laguérie

LA CORÉE

INDÉPENDANTE, RUSSE, OU JAPONAISE

1895년 8월20일, 일본공사 미우라(三浦梧樓)의 흉계로 일본 낭인배들에게 무참히 시해된 명성황후(明成皇后, 1851～1895).

명성황후 국장 장례식(아레베크 촬영).

State funeral of Queen Min.

프랑스 신부 아레베크가 찍은 명성황후 국장 장례식. 시해 후 폐위되어 서인(庶人)이 되었다가 10월에 복호(復號)되고 1897년(광무 1) 1월 명성이라 시호가 내려지고, 11월 22일 국장을 거행했다.

State funeral taken by a French Catholic priest. She was degraded to a status of commoner after her death and reinstated later.

명성황후 국장 장례식(아레베크 촬영).

Queen Min's state funeral.

일본군 고종황제 퇴위 위협

덕수궁 돈덕전(惇德殿)에서 평복 차림으로 갓을 쓴 고종황제(2층 가운데 창 중앙)가 바깥을 바라보고 있다. 고종은 아관파천에서 덕수궁으로 환궁, '대한제국'을 선포하고 황제 즉위식을 가졌으나 일본의 퇴위 강요는 계속되었다.

1896년 2월 11일부터 약 1년간 고종과 황태자는 러시아공관에서 거처했다. 민비시해로 일어난 1차 의병들을 진압차 지방으로 내려간 친위대의 부재를 이용, 신변에 위험을 느끼고 있던 고종과 황태자를 러시아공관으로 옮겼으며, 친로파 내각이 성립되었다. 러시아공관에서 무력으로 환궁을 요구하는 일본군대의 알현을 받는 고종(사복을 입었다).

The chamber king ko-jong stayed after he fled from the Royal palace. This was used for his bed chamber and office until he returned to the Tŏksu Palace on Feb, 20th, 1897.

아관파천 후 고종이 러시아공사관에서 거처하던 방. 1897년 2월 20일 덕수궁으로 옮길 때까지 이곳을 침전겸 집무실로 사용했다.

일본군은 무력을 동원해 고종의 거처인 돈덕전 앞에까지 몰려와 퇴위를 강요하고 있다.

Emperor, Kojong in full dress of Empire of the Great Han Emperor, Kojong(1852-1919)

국호를 대한제국으로, 독립국임을 선언

Renamed Empire of the Great Han   Declared being Independent.

1897년 10월 12일, 고종은 환구단(圜丘壇)에서 황제 즉위식을 거행하고 국호를 「대한제국(大韓帝國)」으로 고치고 청국의 제후국과 같은 형식을 탈피, 완전 독립국임을 선언했다. 황제로는 고종이 계속 즉위하고 1907년 8월 순종(純宗)이 계승했으나, 1910년 8월 29일 한일합방으로 「대한제국」은 막을 내렸다.

The whole view of Seoul one year ago. 1897
renamed Empire of The Great Han
1897년 「대한제국」 국호개정 1년 전의 서울 전경.

고종의 황제 즉위

고종이 국호를 대한제국으로 고치고 황제 즉위식(1897년 10월 12일)을 거행한 (원구단, 이원구단의 자리는 조선조 태종 이래 왕족의 별궁으로 사용되었던 유서 깊은 곳으로 고종 원년(1864년)에 원구단이 건립되었다. 그 뒤 1914년 일제는 이를 헐어버리고 조선호텔을 세웠다.

Wongu-dan where the coronation of King Kojong was held on Oct. 12th, 1987 right after the name 'Chosŏn' was changed to 'Empire of the Great Han'. The place was used as a traditional detached palace since King T'aejong. It was the place that the Japanese demolished it and built Chosŏn Hotel.

대안문(大安門)에 모인 백의의 인파(지금의 대한문). 1897년 2월 20일, 고종이 명예궁(明礼宫 ; 지금의 덕수궁)으로 이어(移御)하여 옛 이름인 경운궁(慶運宮)으로 부르게 하고 대안문도 이 때 대한문으로 개칭했다.

People swarming around the entrance gate of Tŏksu Palace.

고종의 행차.
King Kojong's outing

고종과 대신들(1897년). 왼쪽으로부터 이정
노(李正魯)·심상한(沈相漢)· 김윤식(金允
植)·김성근(金聲根)·이용원(李容元)·김병익
(金炳翊)·민종묵(閔種黙)·서정순(徐正淳)·
이주영(李冑榮)·김영전(金永典).
King Kojong and the cabinet members.

독립신문과 독립문

갑신정변 때 미국으로 망명한 서재필(徐載弼, 1863~1951)은 1896년 12년 만에 귀국, 고종(高宗)의 신임을 받아 국정에 참여하는 한편 미국에서의 민주주의 체험을 바탕으로 「독립신문」을 발간, 우리나라에서는 처음으로 근대 민주주의를 고취하는 데 앞장섰으며 정부요인과 지식인들을 규합, 근대적인 정치단체 「독립협회」를 조직했고 사재를 털어 서대문에 「독립문」을 건립했다.

　이같은 미국에서 귀국한 서재필의 독립정신과 민주사상 고취를 위한 집회에는 수많은 인파가 몰려 당시로서는 희귀한 행사이기도 했다.　그러나 고루한 보수파의 책동으로 「독립협회」는 해산의 비운을 맞았다.「독립협회」에서　활약한 신진 지식인들이 나중에 민족자강운동의 주류 세력으로　등장했다.

'The Independent' and Independence Gate. Sŏ, Jaep'il (1863-1951) who had lived in American in exile for 12 years after KapshinJŏngbyŏn returned home in 1896, and published 'The Independent' for the Propagation of democracy and set up Tongnimmun or Independence Gate at his own expense. He also organized the Independence Club with the primary purpose of enhancing independent and democratic spirit. He was under the deep trust of King Kojong.

12년 만에 미국의 망명생활에서 귀국한 서재필(徐載弼)

1896년 4월 7일, 한글과 영문판의 독립신문이 발간되었다.

The 1st issue of the Independent on Apr. 7th, 1896.

립정신을 고취하기 위하여 독립협회가 주관하여 세운 독
문(1897년 11월 20일, 준공 직후에 촬영).

1896년 11월 21일, 독립문 기공 직전에 헐어낸 영은문.

People swarming around the hall of the Independence Club to listen to the lecture given there on July 2nd, 1896.

1896년 7월 2일. 독립협회를 결성한 서재필 등은 모화관을 개수, 독립관으로 삼았다. 사진은 독립관 의 강연에 많은 시민들이 모여들고 있는 장면.

1896년 11월 21일의 독립문 기공식 초청장.

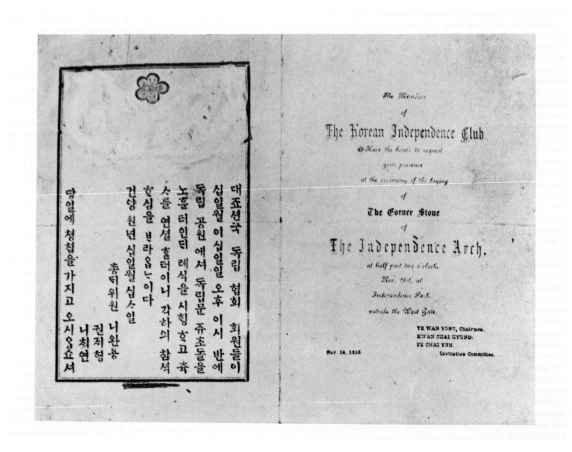

Invitation for the construction of Independence Gate on Nov. 21st, 1896.

1905년. 서울 남산에서 훈련이라는 명목으로 대포를 배치,
위협시위를 하고 있는 일본군.

Japanese artillery demonstrating armed threat under
the guise of maneuver on Nam-San hill, Seoul.

제 2 장

Chapter 2 Japanese Imperialistic Invasion

日帝의 侵略

소위 「명치유신」으로 천황중심의 통일국가로 탈바꿈
한 일본은 자기들이 경험한 불평등조약을 조선조에 강
요하는 것(한일수호조약·1876)을 시발로 한반도에 진
출, 정치·경제 침략을 계속하다 민비시해사건(을미사
변·1895)으로 잠시 주춤했으나 노일전쟁(1904)의 승
리로 열강들의 묵인아래 조선조에 「을사보호조약」(통
감정치 실시·외교권 박탈·보호국화)을 강압조인하는
천인공노할 만행을 저질렀던 것이다.

초대통감 이토오(伊藤博文)는 노일 전쟁 이후 계속
주둔한 일본군사령부를 힘의 배경으로 삼아, 바다의 외
딴섬처럼 고독한 고종을 상대로 왕권을 침식하는 한편
친일반역자들(「일진회」·1904)을 꼬드겨 희대의 국권
침탈극을 자행했다.

안중근(安重根) 의병장은 이 이토오를 하얼삔 역두
에서 총살했던 것이다(1909).

노일전쟁과 일본의 한국침략

Russo-Japanese War and Japanese Invasion of Korea.

노일전쟁(露日戰爭)은 조선조 말 한국의 지배권을 둘러싸고 일어난 러시아와 일본간의 전쟁이다.

청일전쟁 후 급속도로 자본주의를 발전시키며 한국에 대하여 자본을 투입하고 있던 일본은 만주를 석권한 러시아가 한국에의 진출을 노리며 일본을 위협하자 1903년 7월 23일 러시아에 대하여 청국에 대한 기회균등과 한국에 대한 일본의 기득권 인정을 요구하였으나 거절당했다. 이에 1904년 2월 6일 최후통첩을 발송, 10일의 선전포고에 앞서 8일에 일본해군은 러시아 군함을 인천에서 격파하고 여순항을 기습했다. 2월 8일 인천에 상륙을 개시한 일군은 서울에 진주하여 일본의 한국내 군략요지의 수용을 인정하는 한·일의정서 조인을 강요했다. 10월 12일에는 일본 육군대장 하세가와(長谷川好道)가 한국주차 일군사령관으로 서울에 상주하게 되었다. 한편 노일전쟁으로 만주에서 일본의 상승기세에 꺾인 러시아군은 봉천회전(奉天會戰, 1905. 3. 10)의 패배와 발틱함대의 전멸(5. 7)로 끝내 9월 5일 포츠머드 강화조약을 맺게 되었다.

러시아에 승리한 일본은 그해 11월 17일, 한국에 대하여 통감정치 실시·외교권 박탈·보호국화를 내용으로 하는 이른바 을사보호조약을 강요하는 만행을 저질렀다.

The Chosŏn government was scarcely able to maintain itself in the whirlwind of foreign struggles. In 1905, Japan won the victory over Russia, her main Western rival for influence in the Korean peninsula.
As the result, Japan forced Korea to accept the 'Protectorate Treaty' on Nov. 15th, 1905, on her unilateral terms with the support of the U.S. and Britain. Substantially, the Korean people lost all of their national sovereignty and independence to the island state, disgracefully
Treaty is called 'Ŭlsa protectorate Treaty' (Ŭlsa standing for the 42nd binary term of the sexagenary cycle).

1904년 2월 8일, 인천에 상륙한 일본군 기고시(木越)여단 의 시가행진.

· A Japanese brigade troops marching through an Inchŏn street after their landing on the port city on Feb. 8th, 1904.

한국의 중립선언을 무시하고 일군은 인천에 상륙을 개시했고, 2월 9일 서울에 진주했다. 일군 포병대가 독립문을 통과하며 탄약을 수송하고 있다.

Despite the declaration of neutrality by the Chosŏn Government, Japanese troops began landing on Inchŏn city and marched into the capital. They are transporting ammunition through the Independence Gate.

People looking confusedly at the troops marching through the street.

노일전쟁 당시 중립을 선언한 조정의 정책에도 불구하고 사전 양해 없이 상륙한 일군의 시가행진을 보고 당황하는 시민들의 표정.

Japanese troops marching for Manchuria
near P'yŏngyang, north Korea.

만주를 향해 평양 부근을 행군하는 일군.

Koreans mobilized for transporting Japanese munitions

일군의 군수물자 운반에 강제동원된 한국인.

서울 남산 아래에서 일군의
군수물자 수송에 강제동원
된 한국인.

Koreans mobilized for
transporting Japanese
ordinance near the Nam-
san hill.

Japanese ground forces
crossing the Yalu near
Ŭiju, Pyŏnganbukdo province.

평북 의주 부근에서 압록강을 도하하
는 일군.

을사보호조약과 매국 5적

'Ŭlsa Protectorate Treaty'

Han, Kyusŏl (1856-1930), prime minister fought against the sealing of the disgraceful 'Protectorate Treaty' to the bitter end, and refused to receive a title given by the Japanese government.

An indignation letter denouncing 'five national traitors' of their sellout diplomacy. Government had a rush of such letters from both public servants and grass roots.

을사보호조약(통감정치실시·외교권 박탈·보호국화)이 체결되자(1905. 11. 17) 조정 백관은 물론 전국 각지에서 반대 상소문과 5적 성토격문이 서울로 답지했다. 이것은 11월 15일자가 박힌 5매국 5적에 대한 성토문.

1905년 11월 17일, 덕수궁 중명전에서 열린 대신회의에서 참정대신(내각수반) 한규설(韓圭卨, 1856~1930)만은 끝까지 반대하였고 경술국치 후 일본이 주는 작위도 거절했다.

5 National Traitors.
Pak, Jesun, Minister of Foreign Affairs
Yi' Jiyong, Minister of Home Affairs
Yi Kŭntaek, Minister of Military Affairs
Yi Wanyong, Minister of Education
Kwŏn, Junghyŏn, Minister of agriculture and Commerce.

매국 5적들.

외부대신 박제순(朴齊純)	내부대신 이지용(李址鎔)	군부대신 이근택(李根澤)	학부대신 이완용(李完用)	농상대신 권중현(權重顯)

1905년 11월 8일 오전 2시, 덕수궁 중명전에서 이토오(伊藤博文)와 매국 5적 사이에 보호조약이 체결되었다. 이날 일본군은 덕수궁을 완전히 포위하고 각 성문에는 야포와 기관총부대까지 배치하여 완전 공포 분위기를 조성하는 만행을 저질렀다.

'Protectorate Treaty' was signed and sealed between Ito, Japanese Representative, and five national betrayers at 2 AM on Nov. 8th, 1905 at ToKsu Palace. The place was closely besieged by heavily armed Japanese troops, thus engendering air of terror.

Four patriots including Na Chŏl determined to get rid of Five National traitors an Mar. 25, 1907.
They are from left ; Yijŏl, Na, Chŏl (1863-1916), Hong, P̓ilju, O, giho.

1907년 3월 25일, 5적을 암살하기로 뜻을 같이한 나철(羅喆, 1863~1916) 지사와 동지들. 왼쪽부터 이절(李折)·나철·홍필주(洪弼周)·오기호(吳基鎬)의사들.

을사조약과
민영환 자결

Ŭlsa protectorate Treaty and
Min, Yŏnghwan

1896년 5월 20일, 러시아 니콜라이황제 대관식에 참석하기 위해 패트로그라드(현 레닌그라드)에 도착한 한국 대예복 차림의 민영환(閔泳煥).

Min, yŏnghwan in his official costume arriving at Petersburg (Now, Leningrad) on May 20, 1896 to attend the coronation of Russian Emperor, Nicholas Ⅱ.

Letter of will written with a pencil in a flurry.
He left two kinds of will for the people in general and foreign consuls respectively.

명함에 연필로 다급하게 쓴 유서. 국민과 각국 공사에 보내는 2통의 유서를 남겼다.

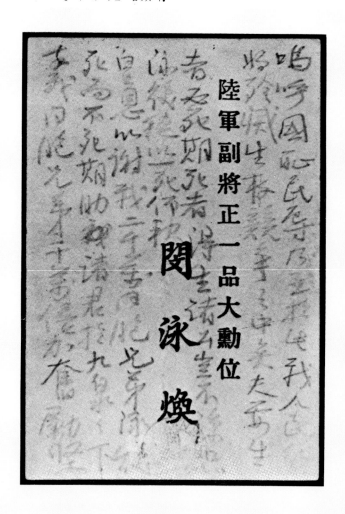

유서내용

대한 2천만 동포에게 남기는 글.
슬프다! 국치와 민욕이 이에 이르렀으니, 우리 인민은 장차 생존경쟁 속에서 모두 멸망하게 되었다. 무릇 삶을 요하는 자는 반드시 죽고, 죽음을 기하는 자는 반드시 삶을 얻는다는 것을 여러분은 어찌 모르겠는가. 영환은 다만 한번 죽음으로써 우러러 황은에 보답하고 우리 2천만 동포에게 사죄하노라. 영환은 죽었다 하더라도 죽은 것이 아니다. 여러분을 구천지하에서 반드시 도울 것이다. 부디 우리 동포형제들은 천만으로 분려를 배가하여 자기를 굳게 하고 학문에 힘쓰고 결심육력하여 우리의 자유와 독립을 회복하면 죽은 자가 마땅히 땅속에서 기뻐 웃을 것이다. 슬프다, 그러나 조금도 실망하지 말라.

민 영 환

Mr. Min, yŏnghwan(1861-1905), a righteous person who died for the cause of justice. He killed himself after a series of desperate protest at 6 AM, Nov. 30, 1905 upon the disgraceful signing of the 'Protectorate Treaty' on Nov. 18, 1905. He is a model of all martyrs.

을사조약에 항거 자결한 민영환 선생. 민영환(閔泳煥, 18 61~1905) 선생은 1905년 11월 18일 을사보호조약이 체결되 자 조병세(趙秉世)와 백관을 인솔하고 대한문 앞에 나가 이를 강력히 반대했으나 일본 헌병들의 강제해산으로 실 패, 다시 종로 백목전도가에 소청을 열고 상소를 의논하던 중 이미 대세가 기울어짐을 보고 전동 이완식(李完植)의 집에 가서 유서 2통을 남기고 1905년 11월 30일 새벽 6시 평소 소지했던 칼로 자결했다. 의정대신에 추증되고 고종 의 묘정에 배향, 시호는 충정(忠正). 1962년에 대한민국 건국공로훈장 중장(重章)이 추서되었다.

일제의 통감부 설치

Establishment of Residence General

을사보호조약의 강행으로 한국은 일본에 의하여 외교권을 박탈당했으며, 영·미·청·독·불·백 등의 주한공사들은 공사관을 거두어 본국으로 돌아갔고 1906년(광무 10년) 2월에는 서울에 통감부를 설치 초대 통감으로 이토오 히로부미(伊藤博文)가 취임했다. 이 통감부는 일본이 필요로 하는 사항을 외교뿐만 아니라 내정(內政)까지 직접 우리 나라 정부에 명령·집행하게 하는 힘을 가진 기관이었다.

Residence-General was established in Feb. 1906 and Resident-General, Ito, controlled Kores's all administrative functions and foreign relations. He also enabled Japan to seize all political, military and economic interests of Korea.

한국에 주재하는 각국의 공사들을 본국으로 추방시킨 이토오 통감.

On Mar. 2, 1906, 1to, first Resident-General arrived in Seoul. Ito was one of the veteran statesmen of Japan in Meiji Restoration and chief mastermind of overthrowing Chosŏn government.

1906년 3월 2일, 일본 한국침략의 원흉 이토오는 초대 통감으로 서울에 도착했다.

남산 통감부 건물 앞에 집합한 군중 앞에서 연설하는 이토오 통감.

Ito addressing an audience at the front of Residence-General, Namsan, Seoul.

을사보호조약 체결 축하의 기념 촬영을 하는 이토오를 비롯한 일본군 장성과 일본공사관원들(이 순간에도 전 상가는 철시하고 대한문 앞에는 국민들이 쇄도, 조약파기를 주장했다).

Souvenir picture of Japanese dignitaries including Ito congratulating the signing of 'Protectorate Treaty' which was being met right at this moment with severe protest from both government officials and grass roots at the front gate of Tŏksu palace.

고종황제, 헤이그에 밀사 파견

Secret envoy dispatched to Hague.

King Kojong who was under the custody of the Japanese military in the TŏKsu Palace sent a batch of secret envoys to the International Peace Conference held in Hague, Netherland on June 15, 1907 and exposed Japanese invasion of Korea to the whole world.

을사조약을 완강히 거부하였고 강제 체결 후에도 헐버어트에게 전보를 쳐 미국정부에 조약의 무효를 호소하는 등 국권을 되찾고자 애쓴 고종황제(재위 1863~1907)는 덕수궁에 감금당하고 삼엄한 감시하에 있으면서도 네덜란드 수도 헤이그에서 1907년 6월 15일 개최되는 만국평화회의에 특사(李相卨·李儁·李瑋鍾)를 파견, 세계에 일본의 침략을 폭로케 했다.

고종의 옥새가 찍힌 1907년 4월 20일
자의 특사 위임장.

Warrant of attorney with Royal seal
affixed, drawn up on Apr. 20, 1907.

Three righteous persons who
were dispatched to the Interna-
tional Peace Conference which,
however turned down their
request for attendance of the
conference. They played an ac-
tive part in the press.
They are from left;
Yi, Jun, Yi, Sangsŏl, Yi, Uijong.

1907년 6월 24일, 헤이그에 도착, 평
화회의 참석을 신청했으나 6월 29일
거절당하고 언론으로 활약한 세 분
의 특사 (왼쪽부터 이준·이상설·
이위종 제씨).

이국 땅에서 숨진 이준 열사

Yi, Jun who died in an aliencountry.

Yi, Jun (1858-1907) died of indignation on July 14, 1907 because of failure he met with in connection with attendance at the Hague International Peace Conference due to the maneuvering on the part of Iljinhoe, pro-Japanese group.

네덜란드 헤이그에서 1907년 7월 14일 이준(李儁, 1858~1907) 열사는 만국평화회의의 불참을 통분히 여겨 분사했다. 1896년 「독립협회」 초대 평의장을 거쳐 헌정연구회를 조직하였고 1907년 4월 1일 국채보상연합회의소 소장이 되어 모금운동을 벌였으나 일진회의 방해공작으로 좌절한 직후 고종의 특사로 헤이그에 파견되었었다(젊은 시절의 이준 열사).

The 2nd International Peace Conference held in Hague, Netherland on June 15, 1907.

1907년 6월 15일, 개최된 제2회 만국평화회의의 회의장.

Tomb of patriot Yi, Jun in Hague, Netherland.

네덜란드 헤이그에 있는 이준 열사의 묘(순국 당시의 묘에서 유골을 환국한 후 다시 세운 기념비).

일본의 강압에 의한 고종황제의 양위

King Kojong's Abdication from the throne under Japanese pressure.

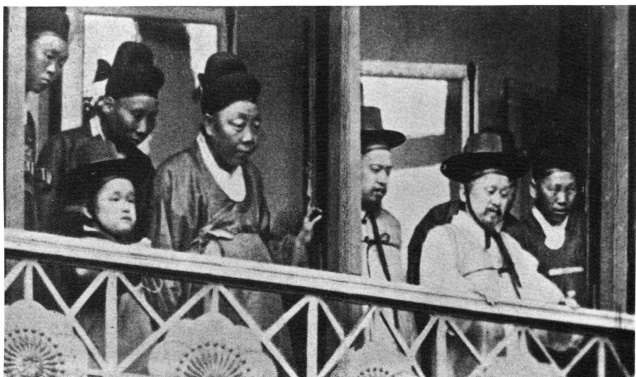

이완용(李完用) 내각은 일본의 강요에 굴복, 1907년 7월 18일의 어전회의에서 고종황제의 양위를 기정사실화했다. 전국민의 반대시위에도 불구하고 7월 20일 덕수궁 중화전에서 양위식을 거행했다.

The cabinet led by Yi, Wanyong, one of national traitor, made it accomplished fact at the Privy Council to force King Kojong to demise the throne under Japanese maneuvering.

고종황제의 퇴위를 무력으로 위협하며 서울시내를 행군하는 일본군.

Japanese armed troops marched through the streets in Seoul to put pressure on opposition demonstration against King Kojong's abdication.

Barbaric action of Japanese artillery on Namsan hill
threatening King Kojong's abdication.

남산에 포대를 설치하고 고종황제의 퇴위를 강요하는 일본군 포병대의 만행.

고종황제의 면전에서 고함을 치며 양
위를 강요한 만고역적 송병준(宋秉
畯). Song, Byŏngjun, traitor for all ages,
shouted to King Kojong to give up the
Crown.

Throne at Kŭnjŏngjŏn, Kyŏngbok palace, symbol of
absolute Royal sovereignty.

절대왕권의 상징인 경복궁 근정전의 옥좌. 고종황제는 일
본군과 역적 신하들의 강요에 지쳐 왕권을 내놓았다.

1907년, 순종황제의 즉위

Coronation of King Sunjong, 1907.

순종의 결혼 축하식. 1906년 13세로 동궁계비로 책봉、1907년 순종이 즉위하자 순정효황후(純貞孝皇后)가 되었다.

King Sunjong's wedding celebration.

대한제국의 마지막 황제 순종(純宗, 1874~1926). 재위 1907~19
10년. 이름은 척(拓), 고종의 둘째아들. 어머니는 명성황후 민
씨. 일제하에서 이왕(李王)으로 불리었다.

Sunjong(1874-1926), The last King of the Empire of the
Great Han.

순종비 순정효황후(純貞孝皇后, 1894~1966). 윤택영(尹澤榮)의
딸로 1907년 순종이 즉위하자 동궁계비에서 황후가 되었다. 사
진은 1919년에 촬영한 것이다.

Queen Sunjonghyo(1894-1966), danghter of Yun, Taekyŏng.
Married with King Sunjong in 1907.

1907년 8월 27일, 순종황제 즉위식은 덕수궁에서 거행되었다. 남대문 부근의 즉위 축하 퍼레이드 광경.

King Sunjong's coronation took place on Aug. 27. 1907. This is the
celebration parade near the Namdae-mun, or South Gate.

매국단체 「일진회」와 이용구

Pro-Japanese group 'Iljinhoe' and Yi, Yonggu.

1904년 8월 16일, 친일괴수 이용구(李容九)는 「진보회」를 조직, 12월 4일 「일진회」로 통합해 매국행위를 앞장서서 자행했다. 무장한 「일진회」회원들, 뒷줄은 일본인들이다.

Yi, yonggu, ringleader of sellout activities, who organized 'Chinbohoe' at first, and then 'Iljinhoe' on Dec. 4, 1904.
Armed Iljinhoe members. Standing behind are the Japaneses.

통감 이토오(伊藤博文)의 자문관으로 내한, 「일진회」 고문으로 한·일합방을 주도한 원흉 우쩌다(內田良平)와 다께다(武田範之), 오른쪽은 친일괴수 이용구.

Uchida and Takeda who led the annexation movement of two contries.
They come over to Korea as consultants to Ito, Resident-General and concurrently, advisor to pro-Japanese organ, Iljinhoe.
Right is Yi, Yonggu.

Yi, yonggu's puppet members of Iljinhoe who are jumb-
ling together with the Japaneses.
This picture was taken at Yi's house in Dec. 1908.

1908년 12월, 이용구의 집에서 찍은 「일진회」의 자영단 원
호대 주구들. 일본인들과 뒤섞여 있다.

친일파・민족반역자 송병준(宋秉畯)과 이용구(李容九)는 「일진회」를 통
하여 고종양위와 한・일합방에 앞장섰다. 사진은 서대문에 있었던 「일진
회」 집회장.

「일진회」와 싸운 순국 부자

Father and Son martyrs against 'Iljinhoe'.

Ku, Jŏngsŏ was killed in action with his father in a battle against Japanese tyranny at the age of 26. He was an evangelist of Tongdaemun Church, Seoul.

아버지 구연영 선생과 함께 26세의 나이로 적탄에 쓰러진 구정서(具禎書)씨. 동대문교회 전도사로 청년운동을 전개하고 여주와 원주에서 의병을 일으키기도 했다.

「일진회」와 싸우다 부자간에 순국한 구연영(具然英) 선생. 전덕기(全德基) 선생과 함께 남대문안 상동교회를 중심으로 엡윗청년회를 조직, 청년운동에 진력하고 을사조약 체결후 「일진회」를 각처에서 성토, 그 죄상을 폭로하다가 아들 구정서(具禎書)와 함께 적의 흉탄에 순국했다.

Mr. Ku, yŏnyŏng, father of Ku, Jŏngsŏ who took every opportunity to fight against Japanese military oppression through both battles and preaching. Iljinhoe was his main target.

초기 의병들의 모습.

Righteous soldiers who fought for the cause of justice. They performed an active part of Anti-Japanese movement.

제 3 장

Chapter 3 Loyal Anti-Japanese Struggle

抗日義兵鬪爭

　제1차 항일의병은 일본 낭인들이 경복궁에 난입, 명성황후를 시해한 「을미사변(1895)」 직후 「위정척사파」의 거두 유인석(柳麟錫) 지휘하에 강원도를 비롯한 전국 각지에서 봉기하였다.

　제2차 항일의병은 「을사보호조약(1905)」후 이등박문이 초대통감으로 부임하자 전 참판 민종식(閔宗植) 지휘하에 강원도 홍천에서 기병하여 (1906. 3. 16) 일본 경찰과 치열한 전투를 벌였고, 전(前) 중추원의원 정환직(鄭煥直) 등의 의병들이 활약한 「산남(山南)의 진(陣)」은 경주에서, 최익현(崔益鉉)·임병찬(林炳瓚) 등은 태인에서 기병하여 정읍·곡성·순창으로 진출했으며, 의병장 신돌석(申乭石)은 경북 평해에서 기병하여 2년간 일본군과 유격전을 벌였다.

　일본군은 전국 122개소에 경무분견소를 설치하여 의병들과 대치했다.

　최익현(崔益鉉) 선생은 일군에 피체되어 대마도로 유배되자 단식·순국했다(1906. 12. 30).

의병장 유인석 선생

의암(毅庵) 유인석(柳麟錫, 강원 춘천 1842~1915) 선생은 1896년 제1차 의병활동의 선봉장으로 크게 활약했다. 그 후 만주로 망명, 1910년 6월 블라디보스톡에서 「13도의군」 도총재에 추대되었고 8월 27일 경술국치 2일전에 연해주와 간도의 한족을 규합해 이상설(李相卨)선생과 같이 「성명회(聲明會)」를 조직, 각국 정부에 발송한 8,624명이 서명한 선언문에는 대표로서 영문으로 서명하는 등 국권회복 외교에도 진력했다.

Mr. Yu. Insŏk(1842-1915). who did a positive part in both actual fighting at home and protest movement abroad against Japanese injustice.

의병장 유인석 선생.

Mr. Yu, Insŏk, army chief of staff for the cause of justice.

전국 8도에 의병궐기를 호소한 의암 유인석 선생의 친필 격문.

Mr. Yu, Insŏk's personal letter of encouragement appealing to patriotic youths for action against Japanese tyranny.

의암 선생이 기거하던 강원도 춘천의
옛집. 초가에서 양철지붕으로 바뀌었
을 뿐 현존하고 있다.

Old thatched house Mr. Yu dwelled in.

Japanese army demolished villages to suppress patrio-
tic resistance of the Korean youths.

의병투쟁을 진압하기 위해 출동한 일본군은 전국 각처에서
이렇게 파괴를 일삼았다.

대마도에서 단식 순국한 최익현 선생

Mr. Ch'oe, Ikhyŏn

Resistance movement swept all over the country like an epidemic.
Mr. Ch'oe, Ikhyŏn, another active leader with several colleagues such as Hong. Manshik who committed suicide by taking poison, Song, Byŏngsŏn who also followed Hong's suit, Cho, Byŏngse and Yi, Maengjae who were the core of fighting against Japanese injustice. This was called 2nd resistance movement fighting against Japanese militarism. He led an army until he was captured and taken to Taema Island where he died as a martyr after he went without food.

을사보호조약 체결이후 민영환 선생의 자결, 전 참판 홍만식(洪萬植)의 음독자살, 전 의정 조병세(趙秉世)·전 참판 이맹재(李孟宰)의 자결, 그리고 전 참판 송병선(宋秉璿)의 음독자살 등에 이어 전 찬판 민종식(閔宗植) 등의 홍천(洪川) 의병투쟁을 시작으로 전국에서 의병투쟁이 전개되었다. 이것을 제2차 의병이라 한다. 1906년 6월 4일 최익현(崔益鉉) 선생은 임병찬(林炳瓚)의 호응을 얻어 태인(泰仁)에서 기병 정읍(井邑)·곡성(谷城)을 거처 순창(淳昌)에 진출했으나 6월 12일 일경에 체포되어 일본 대마도로 끌려가 12월 30일 단식 투쟁 끝에 순국했다.

면암(勉庵) 최익현(崔益鉉) 선생은 1906년 6
월 12일 순창에서 일경에 피체되고 8월 18일
일본 대마도로 끌려가 끝내 단식 순국했는
데 사진은 일본군의 호위를 받으며 대마도로
끌려가는 모습.

Mr. Ch'oe Ikhyŏn is being taken to
Taema island under the custody of
Japanese army.

Righteous army in the second resistance
movement. The picture was taken by F.
M Mackenzie and carried in 'Treagedy
of Empire of the Great Han'

제2차 의병투쟁 당시 의병들의 모습 (F.M
메켄지 촬영 「대한제국의 비극」에 게재
된 사진).

고광훈(高光薰)의병장의 불원복기(不遠復旗). 태극기에다 「멀지 않아 다시 돌아온다」는 글을 남겨 투쟁의 의지를 남겼다.
Righteous army chief's flag. The chinese characters read : I'll be back soon'

The patriotic soldiers were hanged to death by barbaric Japanese police without any clue court procedure.

일경(日警)은 전국 각처에서 기병한 의병들을 무참히 살륙하는 만행을 저질렀는데 재판도 없이 현지에서 체포 즉시 이렇게 목을 매어 죽였다.

● 의병봉기지

The map shows cities and villages where righteous riots took place.

신덕균(申德均)의병장이 사용하던 화승총.

A matchlock gun used by Shin, Tŏkkyun, righteous army chief.

의병들이 잠시 들렀던 주막들을 일본군은 이렇게 파   Japanese soldiers demolished taverns loyal troops put up at.
괴하기 일쑤였다.

의병토벌을 위해 출발하기 직전 군용열차 앞에서 완전무장
한 일본군들.

Fully equipped Japanese soldiers an their way to quell uprising of the
loyal troops.

'Wanted' poster

「경무분견소」 앞 게시판에는 의병들의 사진을 내걸고 현상수배까지 했다.

Loyal troop members captured by Japanese army while in action in Kando area, Manchuria.

간도 지방에서 의병투쟁을 벌이다가 일본군에 피체된 무장 의병들.
좌로부터 최진국(崔振國)·최원준(崔元俊)·최민삼(崔民三)·최진삼(崔振三)·최환여(崔煥汝)·최준○(崔俊○).

공개처형 그 만행의 현장

Public Execution Scene of
barbaric act.

경부선 철도 파괴음모죄로 일본군 수비대에 둘러싸여 형장으로 끌려가는 한국인 3명의 모습.
3 loyal soldiers taken to an execution ground on
charge of railroad destruction.

Loyal soldiers in Pyöngyang captured by
Japanese army.

1906년 5월, 의병장 민종식(閔宗植)의 홍주성(洪州城) 점령을 기점으로
전국으로 확산된 의병투쟁을 토벌하기 위해 일본군은 전국 12개소에「경
무분견소」를 설치했다. 사진은 일본군에 체포된 평양의병들의 모습.

1905년 1월 1일, 경부선 철도가 개통된 지 이틀 후인 1월 3일, 일본군은 한국인 3명을 철도파괴음모라는 누명을 씌워 공개처형하는 만행을 저질렀다(헐버트 「Passing of Korea」에서 전재).

3 Loyal soldiers executed on charge of railroad destruction after two days of the completion of Seoul-Pusan railroad on Jan. 1st, 1905.

의병의 별 허위 선생

Gem of the Righteous army

Mr. Hŏ Wi,(1885-1908) immortal national hero led 6,600 loyal troops of 13 provinces in person, and informed foreign consuls stationed in Seoul of the right of his troops as legal belligerent body on international law.

불멸의 민족영웅 허위 선생. 경북 선산 출신으로 중추원 의관, 평리원 수석판사를 역임한 왕산(旺山) 허위(許蔿, 1885~1908) 선생은 1907년 7월 24일의 「정미 7조약」(차관정치 시작・군대해산 밀약)과 7월 31일의 한국군 해산에 통분을 이기지 못해 의병 6,600여 명을 경기도 양주(楊州)에 결집(1907년 12월 6일), 「13도 의병대」를 조직하고 직접 군사장이 되어 서울 각 공사관에 서한을 보내어 의병이 국제법상의 교전단체임을 통보했다. 그리고 이듬해 1월 말 동대문 밖 30리 지점까지 진군했으나 일본군에 쫓겨 퇴각하고 5월 24일 연천군 반석동에서 일본군 헌병대에 피체, 10월 21일 교수형으로 순국했다. 동대문 밖 「왕산로(旺山路)」는 허위 선생의 호를 붙인 것이다.

Memorial movement of Mr. Hŏ, Wi at Tal-sŏng Park, Taegu.

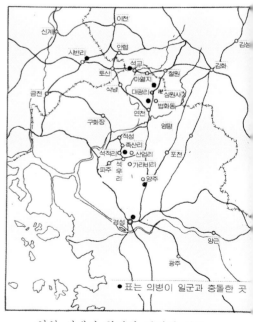

허위 선생이 활약한 전적지 약도.
Map shows where(black points) Mr. Hŏ Wi fought against the Jap.

허위 선생의 순국기념비(대구 달성공원).

인천 내리교회에 설립된 영화학교 학생들의 군사훈련.
Students military drill of Yŏnghwa school, set up in the
compound of Naeri Church, Inchŏn.

제 4 장

Chapter 4 Patriotic, Self-reliant, Self-strengthening Movement

애국自主自強運動

    1898년 「독립협회」 해산이후 1905년 「노일전쟁」의 일본 승리로 일제의 한국침략이 노골화되자, 의병단체의 항일 무력투쟁과 병행, 지식인들의 「애국자주자강운동」이 전국적으로 전개되었다.「독립협회」 당시의 주동세력은 1906년 3월에 「대한자강회(大韓自強會)」(1907년 8월 일제에 의해 해체되었으나 다시 「대한협회」로 발족)를 조직하여 〈제국신문〉〈대한매일신보〉 등을 통해 「계몽운동」「신교육운동」을 전개했다.

    한편 「한북흥학회(漢北興學會)」「서우학회(西友學會)」「교남학회」「호남학회」 등이 발족되어 국권회복을 위한 「인재양성」에 진력하며 발행한 각 「회지(會誌)」는 「애국자주자강운동」을 전국적으로 확산시키는 계기가 되었다.

    1907년 2월 대구에서 일어난 「국채보상운동」은 일제의 경제적 예속에서 벗어나려는 강력한 민족자주의식의 민중운동으로 높이 평가되어야 한다.

「애국자주자강운동」의 신진세력 등장

Emergence of up-and-coming group in the patriotic and
self-reliant movement.

고루한 사대주의에 사로잡힌 기성 정치인들은 친청(親清)·친로(親露)·친일(親日)로 치달아 국운이 날로 쇠미해 가는 가운데 「독립협회」가 일으킨 민족적 각성은 다시 30 대와 20대의 젊은 주체세력을 형성해나갔고, 이들은 「국가 재건」에 필요한 「새로운 교육」 「새로운 인재 양성」이라는 당면과제를 위해 요원의 불길처럼 「애국자강운동」을 전국

적으로 확산시켰다.
이러한 젊은 세대의 민족자주의식에 기초한 「자강운동」 은 1910년의 한일합방을 앞둔 젊은 지식인과 민중들의 마 지막 몸부림이었다. 합방 후 이들은 대부분이 국내를 벗어 나 해외에서 방황하다가 1919년 3·1민족운동과 함께 다시 결집하여 「대한민국 임시정부」를 수립한다.

Dominant figures who contributed much to enhancing
new education and cultivation af talented youths.

김가진(金嘉鎭)
1846—1922
Kim, Gajin

이상재(李商在)
1850—1927
Yi, Sangjae

주시경(周時経)
1876—1914
Chu, Shigyŏng

이 갑(李 甲)
1877—1917
Yi, Gap

안창호(安昌浩)
1878—1938
An, Changho

이 준(李 儁)
1858—1907
Yi, Jun

전덕기(全德基)
1875—1914
Chŏn, Dŏkgi

민영환(閔泳煥)
1861—1905
Min, Yŏnghwan

남궁억(南宮檍)
1863—1939
Namgung ŌK

장지연(張志淵)
1864—1921
Chang, Jiyŏn

양기탁(梁起鐸)
1871—1938
Yang, Gitak

이동녕(李東寧)
1869—1940
Yi Dongnyŏng

이동휘(李東輝)
1873—1928
Yi, Dong hwi

이한응(李漢應)
1874—1905
Yi, Hanŭng

노백린(盧伯麟)
1875—1925
No, Baekrin

Korean independence movement began on the very day Japanese rule began, and it existed until the independence was achieved. It worked as an organized military resistance as well as spiritual force in the lives of the Korean people. This came to realize the emergence of new group of young power through new education and training young men and women of talent.

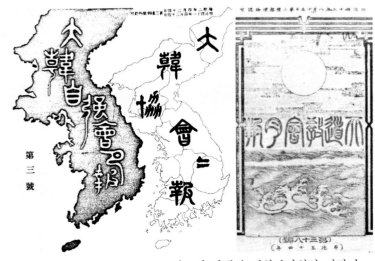

1906년도에 발행된 대한자강회의 기관지.
Organ paper of 'Taehanjaganghoe'

신규식(申圭植)
1880—1922
Shin, Kyushik

신채호(申采浩)
1880—1936
Shin, Ch'aeho

김규식(金奎植)
1881—1950
Kim, Gyushik

박용만(朴容萬)
1881—1928
Pák, Yongman

신흥우(申興雨)
1883—1959
Shin, Hŭngu

이승훈(李昇薰)
1864—1930
Yi, Sŭnghun

오세창(吳世昌)
1864—1953
O, Sechang

윤치호(尹致昊)
1865—1946
Yun, Ch'iho

서재필(徐載弼)
1863—1951
Sŏ, Jaep'il

양전백(梁甸伯)
1869—1933
Yang, Jŏnbaek

지석영(池錫永)
1855—1935
Chi, Sŏkyŏng

현 채(玄 采)
1856—1925
Hyŏn, Ch'ae

서광범(徐光範)
1859—1897
Sŏ, Kwangbŏm

박은식(朴殷植)
1859—1926
Pak, Unshik

박영효(朴泳孝)
1861—1939
Pak, Yŏnghyo

언론의 활약 ─ 「애국자강운동」을 대변

Activities of The Press
Spokesman of 'patriotic, Self-strengthening movement'

On Nor. 17. 1905. the ensuing day of the sign-ing of the Ulsa Protectorate Treaty', the editorial of the Hwang-sŏng shinmun written by Chang Jiyŏn resounded throughout the country. Its caption. 'This is the Day for Weeping Loudly and Bitterly' The editorial eloquently proved how great the influence of the press was. Be-sides the paper, Cheguk Shinman (publi-sher, Yi, Jongil) and Taehan Maeil Shinbo (publisher, Bethel, associates, Yang, Gitak and Shin, Chaeho) inspired the spirit of independence and Patriotic and self-strengthening movement, thus extending their influence at home and abroad.

1905년 11월 17일, 을사보호조약 다음날 〈황성신문(皇城新聞)〉의 사설 「시일야방성대곡(是日也放聲大哭)」(장지연(張志淵) 집필)이 일으킨 전국민적인 반향(反響)은 언론의 힘이 얼마나 큰 것인가를 여실히 인식시켰다.

당시 〈황성신문〉 외에 〈제국신문(帝國新聞)〉(이종일 발행), 〈대한매일신보(大韓每日申報)〉(영국인 베델 발행, 양기탁·신채호 동인) 등은 활발한 논설로 항일 민족의식을 고취했고 「애국자강운동」의 언론을 전개했던 것이다.

묵암(黙菴) 이종일(李鍾一, 1858~1925) 선생은 어려서 한문을 수학, 구한말에 정 3품에 올랐으나 〈제국신문〉을 순한글로 창간, 계몽활동과 애국자강운동에 앞장선 선각자였다.

Mr. Yi, Jongil was the publisher of the Korean 'Chekuk shinmun' and pioneer of the enlightenment activities and patriotic and self-strengthening movement.

The first daily 'Cheguk Shinman' published in Korean in this country (publisher. Yi, Jongil, asso-ciates, Yi, Jong-myŏn, Yu. Yŏngsŏk)

우리나라 일간지로서는 최초인 〈제국신문〉이 1898년 8월 10일 순한글로 창간되었다(이종일·이종면·유영석 동인).

「대한매일신보」의 초대 주필 박은식(朴殷植, 1859~1926) 선생.
First editor-in-Chief of the Taehan Maeil shinbo, Pak, Ǔnshik (1859-1926)

報申日每韓大
보신일미한대

창간 당시 題号, 1904년 7월 18일부터

The Korea Daily News.

英文版 The Korea Daily News 題号

報申日每韓大
보 신 일 미 한 대

国漢文版 1905년 8월 11일 (제 3 권 1 호) 부터

報申日每韓大
브 신 일 미 한 대

国漢文版 1906년 12월 19일 (제 400 호) 부터
한글판은 1907년 5월 23일자 창간호부터 이 제호를 사용

報申日每韓大

国漢文版 1907년 4월 16일 (제 487 호) 부터

브신일미한대
報 申 日 每 韓 大

한글판 1909년 11월 9 일 (제 714 호) 부터 1910년 8 월 까지

1904년 7월 18일, 영국인 베델과 양기탁(梁起鐸, 18 71~1938) 선생에 의해 창간된 〈대한매일신보(大韓 每日申報)〉의 창간 당시와 그 후의 제호들.

The title of the first issue of the Taehan Maeil Shinbo, or The Korea Daily News (published by Bethel, English-man and Yang, Gitak) on July 18. 1904, and the same titles in different types from that time on.

Tomb of the publisher of the Korea Daily News, Bethel. The epitaph was reinscripted on a small tombstone in 1964 since the original one was effaced by the Japanese.

〈대한매일신보〉의 발행인 영국인 베델(Bethel) 씨의 묘비. 일제 하에 일본인들이 묘비 비문을 깎아버렸는데 1964 년 언론계 유지들이 그 앞에 작은 비를 세워 비문을 다시 새겼다.

「국민교육회」발족 ─ 문맹퇴치운동

National Education Club started-The Eradication of illiteracy Campaign

1904년은 서울에 처음으로 공중변소를 설치하고 노변방뇨를 법으로 금지한 해이다. 그것보다 더욱 기억해야 할 것은 이준(李儁) 선생이 회장으로 취임한 「국민교육회(國民敎育會)」가 발족한 해이다. 이 해 8월(광무 8년) 〈전국민의 문맹퇴치〉를 슬로건으로 국민교육열을 고취하는 취지서와 규칙서가 선포되었는데 당시 「자강회」 부회장 윤효정(尹孝定), 학부협판 민형식(閔衡植), 학무국장 장세기(張世基), 지방국장 유성준(兪星濬) 등의 정부 관계자는 물론 〈제국신문〉 사장 이종일(李鍾一), 목사 전덕기(全德基) 등 각계각층의 호응이 있었다. 이를 계기로 전국에 「신학문」을 가르치는 각급 학교가 많이 설립되었던 것이다.

1904 was the year when public toilets were first installed in Seoul and making water on the roads was prohibited by law.
More striking than this was the establishment of National Education Club. With this as a momentum, various schools were set up for the pursuit of new learning.

In 1902, American missionary Avison set up the Severance Hospital at Todong, Seoul, and two years later, began teaching medical science with, Dr, Hearst who was dispatched by Mr. Severance, donator of the foundation fund.
The year of 1908 saw its first graduates.(Freshmen and hospital staff on its opening day).

1902년 미국인 선교사 에비슨은 서울 도동(桃洞)에 세브란스 병원을 설립하고 2년 후인 1904년 설립자금을 기증한 세브란스씨가 파견한 허스트 박사와 함께 의학교육을 시작했다. 첫 졸업생은 1908년에 배출되었다(개교 당시의 학생들(앞줄)과 병원관계자들).

1905년 9월 5일, 이용익(李容翊)이 수송동에 보성전문학교(고려대학교 전신)를 설립했다. 사진은 개교 1주년 기념식 광경.

On Sept 5. 1905, Yi, Yongik set up Posŏng College (the predecessor of Korea University). The picture is for the 1st anniversary celebration of its opening.

1906년 5월 1일, 민영휘(閔泳徽)가 휘문의숙(徽文義塾)을 설립했다. 사진은 같은 해 10월 11일 개숙기념 촬영.

—89—

On May 1st. 1906, Min, Yŏnghwi established the Hwimun Middle School. The picture was taken celebrating its opening on Oct. 11th of the same year.

평양 숭실전문학교의 초창기 천문학 실습 장면.

Astronomy class at Sungshil College, Pyŏng-yang in its early stage.

First graduates of Severance Hospital School (June 2, 1908). It was elevated to the status of college in 1917.

사립 세브란스 병원학교 제1회 졸업생들(1908년 6월 2일), 1917년에 「전문학교령」에 의해 「세브란스 의학전문학교」가 되었다.

「국민교육회」의 교육열 고취로 각 지방에서는 교회를 중심으로 많은 사립학교가 설립되었다. 사립 숭일학교의 졸업생과 교직원 기념 사진.

Many private mission schools were set up.
Sungil Middle school is one of them.
Souvenir picture on the occasion of its commencement ceremony.

원산 감리교회 신도들의 기념 촬영.

Methodist believers at Wonsan, HamKyŏngnamdo province.

「학회」발족 — 자강운동의 모태

'Hakhoe' or society, or club started-Foundation of Self-strengthening Movement.

Many Hakhoe were founded, TaehanJaganghoe being their pioneer, with the primary purposes of friendship and financial support for those in need.

'Nominally they were academic institutions but substantially they were political groups publishing regularly gazettes for the ultimate purpose of recovering national sovereignty through national education and self-strengthening movement' said Yi,, Jun.

대조선독립협회보 : 1896년 11월 창간 4·6판 독립협회 기관지.

친목회회보 : 1896년 2월 창간 편집인 최상돈(崔相敦)

호남학보 : 1908년 6월 창간 편집인 이기(李沂) 호남학회 기관지.

교남교육회잡지 : 1909년 4월 창간 편집인 한정동(韓晶東).

소년 : 1908년 남선(崔南善

    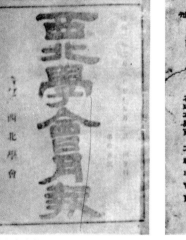

조양보 : 1906년 6월 창간 편집인 심의성(沈宜性).

대동보 : 1907년 3월 창간 편집인 최승학(崔承學).

대한자강회월보 : 1906년 7월 창간 편집인 이종준(李鍾濬).

서북학회월보 : 1908년 6월 창간 편집인 김달하(金達河).

동인학보 : 19 구자학(具滋

서우 : 서우학회 월보로 1907년 7월 창간 편집인 오영근(吳榮根).

대한흥학보 : 1909년 3월 창간 재일본 동경 대한흥학회 기관지.

보중친목회보 : 1910년 6월 창간 국내에서 발행된 학생잡지의 효시.

태극학보 : 1906년 9월 창간 발행 및 편집인 장응진(張應震).

가정잡지 : 19 편집인에 신치

1906년은「대한자강회」조직을 효시로 서울에서 공부하는 각 지방의 청소년들을 뒷받침하는「학회」발족을 특기할 수 있다. 평북·황해 지방의「서우학회(西友學會)」, 함경지방의「한북흥학회(漢北興學會)」(이 두 학회는 이듬해 합쳐「서북학회(西北學會)」가 됨), 영남지방의 「교남학회(嶠南學會)」, 호남지방의「호남학회」, 강원지방의「관동학회」, 경기·충청지방의「기호학회」가 연이어 발족되었다.

당시「한북흥학회」의 발족 취지는 「함경도 출신으로 나라의 기둥이 되겠다는 큰뜻을 품고 서울에 유학온 청소년들을 경제적으로 돕고 인재양성을 계발하는 것」임을 강조했다. 그러나「이름은 학회였지만 사실은 정치운동과 교육운동이 쌍태되어 있는, 국권회복을 위한 정치단체」(이준선생전)였다. 각 학회에는 정기적으로「회보」를 발간하여 민족계몽운동에 앞장섰던 것이다.

Typical gazettes issued those days.

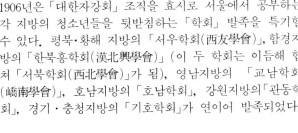

편집인 최

법정학계 : 1907년 창간 편집인 조성구(趙成九) 보성전문학교 발행.

야뢰 : 1907년 2월 창간 편집인 오영근(吳榮根).

대한구락 : 1905년 9월 창간 유성준(兪星濬) 등 60명의 동인지.

대한협회회보 : 1908년 4월 창간 편집인 홍필주(洪弼周) 동회 기관지.

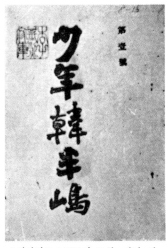

창간 편집인

대한유학생회학보 : 1907년 3월 창간 편집인 최남선(崔南善).

법학협회잡지 : 1908년 11월 창간 편집인 장도(張燾).

대한학회월보 : 1908년 1월 창간 동회 기관지 편집인 유승흠(柳承欽).

소년한반도 : 1906년 11월 창간 발행인 양재건(梁在謇).

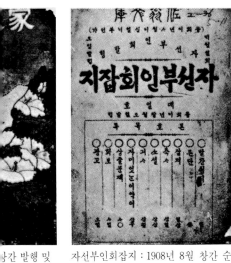

창간 발행 및

자선부인회잡지 : 1908년 8월 창간 순한글 잡지로 편집인 최찬식, 발행인 박노학.

기호흥학회월보 : 1909년 8월 창간 발행인 김규동, 편집인 이해조.

친목 : 1907년 3월 창간 보성전문학교 친목회 기관지.

대동학회월보 : 1908년 2월 창간 편집인 이대영(李大榮).

「국채보상운동」의 선창자 서상돈(徐相敦) 선생. 1907년 2
월 16일 대구에서 불길처럼 일어나 전국으로 확산된 「국채
보상운동」(일제에 대한 경제예속 거부)은 일제의 앞잡이
「일진회(日進會)」의 방해책동으로 결실을 거두지 못했다.

Sŏ, Sangdon, pioneer of 'national bonds compensation
campaign'
This campaign spread the like wildfire throughout the
land, but it came to naught due to the obstruction man-
euvering of Iljinhoe, pro-Japanese puppet group.

Sonvenir picture of 'Chŏnhŭng Society' taken in 1905.

1905년 「천흥협회」 기념 촬영.

1907년 7월 31일, 한국군 해산의 소칙을 발표한 이완용 (李完用) 내각과 이토오(伊藤博文) 통감.
Yi, Wanyong cabinet and Regent - General, Ito in commemoration of issuing royal decree on disarmament of Choson Army.

제 5 장
Chapter 5 Disarmament and Anti-Japanese Struggle

軍隊解散과 抗日鬪爭

1907년 고종 양위(7.20)직후 일본군 1개 사단을 서울에 진주시킨 1주일 후 통감부는 한국군대를 강제 해산시켰다.(7.31).

이에 격분한 시위 1연대 1대대장 박승환(朴昇煥)이 자결하자, 서소문 일대에서 벌어진 한국군 시위대와 일본군의 전투는 제3차 항일의병투쟁의 시발이 되었다.

해산된 한국군은 의병대에 가담, 거국적인 무장투쟁을 전개했다. 특히 의병 6천 6백여 명을 양주에 집결시켜 조직(대장에 이인영(李麟榮)·군사장에 허위(許蔿) 한 「13도 의병대」는 마침내 서울 동대문까지 진출했었다(현재 동대문 밖 왕산로의 명칭은 허위 선생의 호를 딴 것이다).

1909년 일본군은 소위 「호남지역의병대 토벌작전」을 강행하기에 이르렀고 전국의 의병들은 계속적인 일본군 구축작전을 전개했다(1908년의 교전회수 10,976건, 교전 의병수 82,676명, 1909년의 교전회수 1,738건, 교전 의병수 38,593 명).

The Royal Guards listening to American instructors on firing a trench mortar.
장비근대화를 위해 미군교관으로부터 신무기 훈련을 받는 친위대(시위대 전신).

1896년 「아관파천」 후, 일본인 교관이 물러가자 대신 러시
아인 교관이 친위대의 훈련을 맡았다.
Russian instructors taught royal guards in place of the Japanese who
returned home after the Royal flight from the Tŏksu Palace to the
Russian consulate.

1894년 갑오경장 이후 근대식 군대로 개편, 일본인 교관의
훈련을 받는 친위대.

After Kabokyŏngjang(modernization of political institution by the prog-
ressives) in 1894, The Royal Guards practiced military drill following
Japanese pattern.

1907년 8월 9일, 해산 명령에 저항한 수원 진위대 강화분견대 간부들. 오른쪽에서 두 번째가 이동휘(李東輝) 참령(현 소령).

Korean army staff at Kanghwa detachment who resisted the Royal disarmament decree. Second from right in the front row is Maj. Yi, Donghwi.

Royal Body Guards under training at the Training Center before disarmament.

한국군 해산 전 훈련원에서 훈련중인 시위병(1907년).

Infantry battalion of Royal Body Guards under training at the Training Center near central government buildings.

경복궁 광화문 앞 육조 뒤결의 훈련원에서 사격 훈련중인 시위보병연대 병사들.

Officers in official attire of infantry regiment, Royal Body Guards.

시위보병연대의 장교정장.

한국군의 강제해산과 저항

Forced disarmament and Resistance.

On Aug. 1, 1907, Japanese Regent-General, Ito forced dis-
armament of Korean Army totalling 7,000. But men and offic-
ers who gathered at the Training Center began to arm them-
selves with firearms and ammunition at the news that Maj.
Pak, Sŭnghwan commited suicide protesting the forced mea-
sure.
16 officers and 68 men of Royal Body Guards died in street—
to—street fighting and another 516 wounded.

1907년 8월 1일, 일본의 통감정치는 강압적으로 한국군을 해산했다. 소위「정미 7조약」비밀 부대 각서에 의해 한국군을 해산시킨 것이다. 당시 한국군은 전국적으로 7천 명에 불과했다.

통감 이토오는 군대해산에 대비한 일본군의 준비가 완료되자 조정으로 하여금 군대해산의 조칙을 내리게 했고, 군대반란을 두려워하여 하세가와(長谷川好道) 주한군사령관은 8월 1일 오전 8시에 한국군 장교들을 그의 관저에 모아

「칙어」를 읽어주고 감언이설로 평온한 해산을 설득했다.

그러나 해산식을 위해 훈련원에 모인 장병들이 서소문 안 시위(侍衛) 제1연대 제1대대장 박승환(朴昇煥) 참령의 자결 소식에 일제히 대열을 이탈, 무기고로 달려가 총기와 탄약으로 무장, 일본군과 치열한 시가전을 전개했으며 각처의「진위대」들도 궐기 전국적으로 저항이 확산되었다.

이날 서울에서의 시가전에서 시위대 장교 11명을 비롯한 병사 68명이 전사했고, 516명이 부상했다.

On Aug, 1907, men and officers of Infantry Regiment, Royal Body Guard assembled at the Training Center right before the forced disarmament.

1907년 8월 1일, 훈련원에 모인 해산직전의 시위 보병연대의 장병들.

박승환(朴昇煥, 1869~1907) 참령의 자결.〈군인으로서 나라를 지키지 못하고 신하로 충성을 하지 못하니 만 번 죽어도 아까울 것 없다 (軍不能守國 臣不能盡忠 不死無惜)〉는 유서를 가슴에 품고 군대 해산식이 있는 8월 1일 아침 서소문 안 시위대 제1대대장실에서 자결했다.

Maj Pak, Sǔnghwan(1869—1907) died testate upon the decision of forced disarmament in the morning of Aug. 1, 1907 at the 1st Battalion Commander's office, Royal Body Guards.
His Suicide note : I'll die ten thousand times on charge of remaining undutiful to the country and disloyal to his majesty.

On the day of disarmament, Japanese troops kept special alertness whole day long.

　　군대 해산식이 있는 날 일본군은 서울을 철통같이 지키며 시가행진 시위를 벌였다.

하세가와(長谷川好道) 주한 일본군사령관 직속부대에 의해 강점당한 한국군시위 보병연대의 병영.

Barracks of Infantry Regiment of Royal Body Guards in the forced custody of Japanese troops under direct command of Hasekawa, Japanese Army Commander.

서소문 안 시위대 제1 대대와 일본군의 시가전에서 포로가 된 시위대 병사들.

Korean Royal Body Guards captured in the street fighting.

「신민회」─ 비밀정치결사

'Shinminhoe' underground political organization

1907년 8월 1일, 한국군 강제해산으로 야기된 전국 「진위대」의 무력투쟁, 북간도 이범윤(李範允) 의병대의 국내침공, 영남지방의 이강년(李康秊)·신돌석(申乭錫) 의병대의 투쟁 등 항일투쟁의 격류 속에서 9월 비밀정치 결사단체 「신민회(新民會)」가 조직되었다. 주동인물은 미국에

서 돌아온 안창호(安昌浩)를 위시해 이갑(李甲)·노백린(盧伯麟)·이동휘(李東輝)·이동녕(李東寧)·신채호(申采浩)·김구(金九)·전덕기(全德基)·이시영(李始榮)·양기탁(梁起鐸) 등이었다. 「신민회」는 전국적인 규모의 철저한 점조직(點組織)이었다.

이승훈(李昇薰 1864—1930)

이동휘(李東輝 1873—1928)

이동녕(李東寧 1869—1940)

전덕기(全德基 1875—1914)

김 구(金 九 1876—1949)

유동열(柳東説 6·25때 납북)

노백린(盧伯麟 1875—1925)

이 갑(李 甲 1877—1917)

문일평(文一平 1888—1936)

차이석(車利錫 1881—1945)

윤치호(尹致昊 1865—1946)

조성환(曺成煥 1875—1948)

In the vortex of anti—Japanese struggle after the forced disarmament of Korean Army, an underground political organ was organized called 'Shinminhoe'.
The prime movers included An Changho who returned home from U. S..

양기탁(梁起鐸 1871—1938)

신채호(申采浩 1880—1936)

이 강(李 剛 ? —1955)

「신민회」를 주도한 안창호(安昌浩, 1878~1938) 선생. 비밀정치결사 「신민회」를 중심으로 〈대한매일신보〉를 대변지로 삼아 평양과 대구에 「태극서관(太極書館)」을 세워 출판계몽사업, 평양에 도자기회사를 세워 민족산업 육성, 평양에 대성학교(大成學校)를 세워 인재양성에 진력했다.

Mr. An Changho (1878—1938) who assumed leadership of 'Shinminhoe'. Centering around Shinminhoe, and using Taehan Maeil shinbo as its mouthpiece, he set up Taehgksŏgwan in Pyŏngyang and Taegu for publishing and enlightenment work, and Taesŏng School for nurturing youths of talent.

They are
Yi, Sŭnghun (1864—1930)
Yi, Donghwi (1873—1928)
Yi, Dongnyŏng (1969—1940)
Chŏn, Dŏkgi(1875—1914)
Kim, Gu(1876—1949)
Yu, Dongyŏl (Kidnapped North in Korean war)
No, Baekrin (1875—1925)
Yi, Gap (1877—1917)
Mun, Ilpyŏng (1888—1936)
Chá, Isŏk (1881—1945)
Yun, Chiho (1865—1946)
Cho, Sŏnghwan (1875—1948)
Yang, Gitak (1871—1938)
Shin, Chaeho (1880—1936)
Yi, Gang (?—1955)

안중근 의사 ── 하얼삔 역두서 이토오 처단

Patriot An, Junggŭn who shot Ito to death at Harbin station.

1909년 10월 26일, 오전 9시 30분, 만주 하얼삔 역두에서 총성이 울렸다. 대한의군 참모 중장 겸 특파독립대장, 아령지구 군사장인 안중근(安重根, 1879~1910) 의사가 한국 침략의 원흉 이토오를 처형하는 정의의 총성이었다.

At 9:30, on Oct, 26, 1909,at Harbin station platform, resounded with the report of a gun An, Junggŭn (1879—1910) a militia leader in Russian Region, shot Ito, arch—villain of Korean invasion, to death. It was a shot of justice.

This is the scene right after the gunshot at 9:30 A.M Oct, 26, 1909.

1909년 10월 26일 오전 9시 30분, 만주 하얼삔 역두에서 원흉 이토오를 처단한 직후의 장면(190 9년 11월 4일자 동경 발행 《특집화보》에서 복사).

Ito and the Russian Financial minister are saluting each other by raising hats at the Harbin station platform after the former alighting from the train.

이토오가 탄 기차가 이날 9시 정 각에 하얼삔 역에 도착했고 차에 서 내린 이토오는 러시아 재정대 신 코코체호프와 함께 각국 영사 들이 정열한 곳을 향했다.

「천국에 가서도 국권회복에 진력 !」

'I'll do my best for restoring national sovereignty in Heaven!'

On Mar 24, 1910, two days before his death, An gave his farewell to his brothers (two youths sitting at left) saying : take my bones to my fatherland after the restoration of her sovereignty. I'll do my best for restoring national sovereignty in Heaven!'

1910년 3월 24일, 순국 이틀 전에 두 아우 정근(定根)·공근(恭根) (왼쪽)을 만나 「국권이 회복되거든 고국으로 내 뼈를 반장해다오, 나는 천국에 가서도 국권회복을 위해 힘쓸 것이다」라고 당부했다.

An, Junggǔn 5 minutes before his dying for his country. He is the very model for dying for the cause of justice.

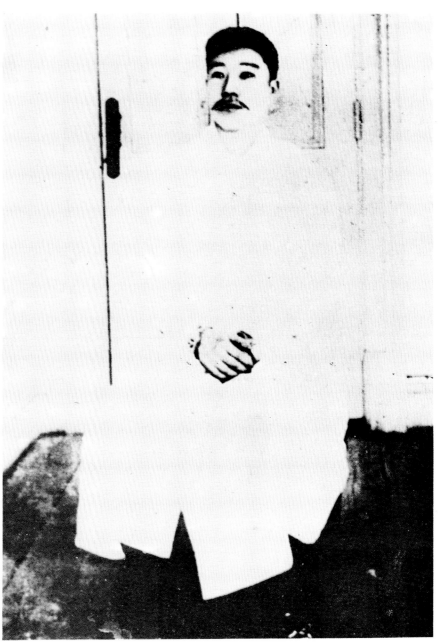

순국 5분 전 한복차림의 안중근 의사. 재감중에 집필한 〈동양평화론〉은 해박한 역사감각으로 당시의 세계정세를 정확히 분석했다.

The grave ground of Yǒsun(or Port Arthur) Prison where An's body was buried.

안중근 의사의 유해가 안장된 여순감옥 묘지.

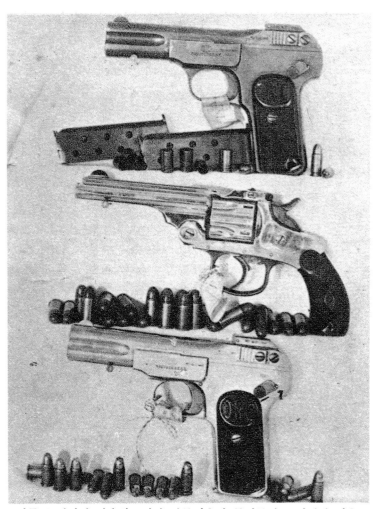

안중근 의사가 사용한 7연발 자동권총과 동지들이 소지했던 권총
과 탄약.
The automatic seven—shot re-
volver An used at the station
and other weapons and
ammunition his colleagues
carried along with them.

Ito displaying guile wearing at
times Korean custome during
his reign(1906—1909). His
right is Yi, Jiyong, national
traitor.

통감시절(1906~1909) 침략의 원
흉 이토오는 한복을 입고 능청을
떨기도 했다. 오른쪽은 민족반역
자 이지용(李址鎔).

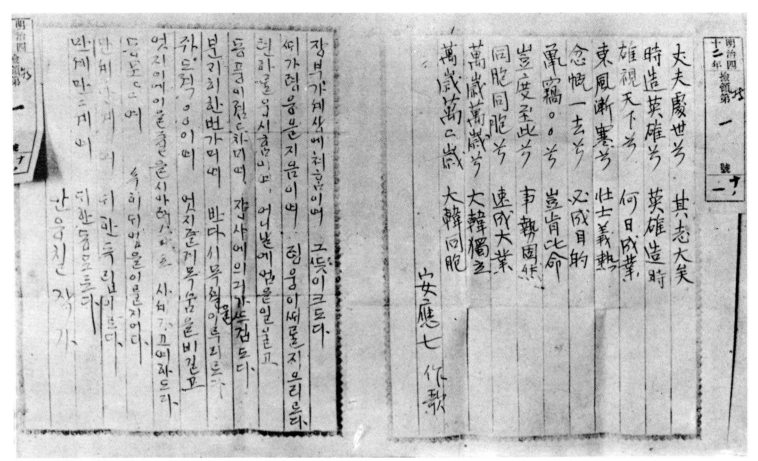

의거 전 하얼삔에서 안중근 의사가 지은 장부가(壯夫歌). 한문과 한글 모두 안 의사의 친필이다.
An composed this poem in both Chinese (right) and Korean befoe he executed his righteous deed.

An's Personal letter sent to Yi, Gang, editor of Taedong Gongbosa.

안중근 의사가 의거직전 하얼삔에서 블라디보스톡에 있는 〈대동공보사〉 주필 이강(李剛)에게 보낸 친필 서한.

An's posthumous writing
'A man of honor must devote his life to the righteous'

見利思義見危授命

庚戌三月 於旅順獄中 大韓國人 安重根書

안중근 의사의 유물. 「이로움을 보거든 정의를 생각하고 위태로움을 보거든 목숨을 주라」

An's posthumous writing
'Oriental situation is precarious. I, as a man of peace and will, shall lament the neighbor's (Japan) aggressive policy'

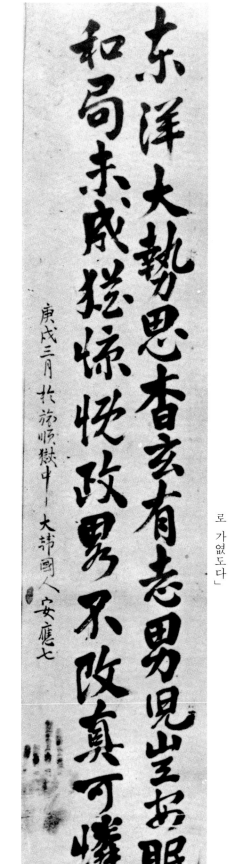

東洋大勢思杳玄 有志男兒豈安眠 和局未成猶慷慨 政略不改真可憐

庚戌三月 於旅順獄中 大韓國人 安應七

안중근 의사의 유물. 「동양대세를 생각하니 아득하고 어둡구나. 뜻 있는 사나이는 편한 잠을 어떻게 잘 수 있을까? 평화로운 시국을 이루지 못함이 이렇게도 슬프도다. 침략정책을 고치지 않으니 참으로 가엾도다」

An's posthumous handwriting 'Perseverance' affixed with his palm seal.

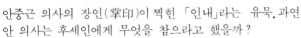

안중근 의사의 장인(掌印)이 찍힌 「인내」라는 유묵. 과연 안 의사는 후세인에게 무엇을 참으라고 했을까?

안중근 의사의 친필 옥중기. 112면에 이르는 긴 친필 옥중기의 첫 부분과 마지막 부분.

一千八百七十九年卯七月十六日、大韓國、黃海道、海州府、首楊山下生、一男子、姓、安、名、重根、字、應七、性質、近於狂狂名故名曰重根、其祖父名、仁壽性質左厚家、胷腹有七个黑子故字應七

一千九百九年十二月十三日 始述

安應七歷史

產豊富以慈善家、著名於道內曾前、叙任于鎭海一郡、縣監一郡二守、六男三女、第一名曰泰鎭、二泰鉉、三泰勳、父四泰健、五泰敏、六泰純、合二六兄弟、皆文翰有餘、其中數父才慧英俊、八九歲

大韓國人 安重根 畢書

一千九百十年 庚戌二月初五日 戌陽三月十五日 旅順獄中

A diary written in prison by An, Junggŭn. Following is its first and last part.

만주 땅 여순에서 아침 안개 속을 마차에 실려 형장으로 향하는 안중근 의사의 마지막 길.

Last vestige of An aboard a carriage heading for the execution ground in the morning fog at port Arthur (Yŏsun).

1910년 2월, 여순 법정에서 공판을 받고 있는 안중근 의사와 동지 우덕순(禹德淳)·조도선(曺道先)·유동하(劉東夏) 제씨.

An and his colleagues (U. Döksun, Cho, Dosön and Yu, Dongha) at the court of Port Arthur in Feb.1910.

At 10:15 A. Mar.26,1910, An died for his beloved country at the age of 29 at the execution ground of Port Arthur prison. They are carrying out his bier for burial.

1910년 3월26일 상오 10시 15분, 안중근 의사는 여순감옥 형장에서 순국했다. 당년 29세, 사진은 유해를 감옥 묘지로 발인하는 장면.

안중근 의사가 자라고 정든 고향인 황해도 신천군 두라면 천계동 전경. 안 의사가 다닌 천주교회당과 안 의사에게 믿음과 세계정세에 눈을 뜨게 해준 빌헬름 신부(한국명 洪錫九).

1879년 9월 2일, 안중근 의사가 태어난 황해도 해주읍. 마주보이는 산이 수양산.

1906년 3월, 안중근 의사는 가족과 함께 진남포로 옮기고 가재를 털어 삼흥학교와 돈의학교를 설립하여 문맹퇴치와 인재양성에 힘썼다.

In march, 1906, An moved to Chinnampó and set up Samhŭng and Tonŭi schools with the fund he disposed of the family property.

An was born at Haeju, Hwanghaedo province on Sept 2, 1879. Standing opposite is Mt. Suyang.

안중근 의사와 그 동지들

An, Junggǔn and his colleagus

the whole view of the village An was brought
. You can see Father wilhelm (Hong, sǒkgu in
orean) in the front who taught him the spirit of
elief and world history, and Catholic Church
e attended.

An's colleagues who were captured with him
From right, U, Dǒhsun,
Cho,Dosǒn, Yu, Dongha, Kim, Sǒngok and Kim,
Hyǒngjae.

안중근 의사와 함께 체포된 동지들. 오른쪽부터 우덕순(禹
德淳) 의사, 조도선(曹道先) 의사와 유동하(劉東夏)·김성
옥(金成玉)·김형재(金衡在) 제씨.

이재명 의사—
이완용 자격

Yi, Jaemyŏng, Attempted assassin of Yi, Wanyong, national traitor.

이재명(李在明, 1890~1910) 의사. 안창호 선생의 지도로 18세에 미국으로 이민, 노동과 학업을 병행하던 중 조국의 위기를 통분히 여겨 귀국하는 길로 동지를 규합, 매국노들의 도살을 계획중 1909년 12월 22일 명동성당에서 나오는 이완용(李完用)을 습격했으나 중상에 그치고 왜경에 피체, 1910년 9월, 21세에 교수형으로 순국했다.

Yi, Jaemyŏng(1890-1910) went over to U. S. under the guidance of An, Changho for study, but returned home halfway to dispose of national traitors, and on Dec. 22, 1909 he attacked Yi, Wanyong, No. 1 national traitor as he came out of Myŏngdong Catholic church and was captured on the spot. He died for the nation at the age of 21 in Sept, 1910.

Yi, Jaemyŏng and his colleagues. From left; O, bokwon, Yi, Jaemyŏng, Kim, Yongmun.

1909년, 매국노들을 처단하기 위한 계획을 세웠던 이재명 의사와 동지들. 왼쪽부터 오복원·이재명 의사·김용문.

Myŏngdong Catholic church in 190
1909년 당시의 명동성당.

스티븐스를 총살한 장인환 의사

Chang, Inhwan who shot Stevens, pro-Japanese diplomat at Oakland, Calif on March 23, 1908. was sentenced to 25 years term of imprison-ment.

Chŏn, Myŏngun came to close quarters with Stevens after he failed to shoot him at Oakland, Calif when Chang, Inhwan who followed him shot the pro-Japanese diplomat to death.

스티븐스를 총살한 장인환(張仁煥) 의사. 1908년 3월 23일, 미국 오클랜드에서 친일외교관 스티븐스를 저격 살해하고 25년형을 받았다. Kim, Byŏnghyŏn, colleague of Yi, Jaemyŏng at the time Yi attacked Yi, Wanyong. 이완용 자격 때의 동지 김병현(金秉鉉) 의사

전명운(田明雲) 의사. 미국 오클랜드에서 스티븐스를 저격했으나 실패하고 서로 육박전을 벌이자, 뒤따라온 장인환 동지가 쏜 탄환에 스티븐스는 살해되었다.

이완용 자격 때의 동지 김이걸(金履杰) 의사

Kim, Ikŏl. colleague of Yi, Jaemyŏng at the time Yi attacked Yi, Wanyong.

채응언 의병장

국내에서 항쟁한 채응언(蔡應彦) 의병장. 1907년 숙천에서 의병을 일으킨 후 평안도·함경도·강원도 일대에서 활약하다 1915년 성천에서 일경에 피체, 사형집행으로 순국했다.

Loyal troops commander, Chae, Ungŏn, who took on active part in resisting Japanese oppression in northern part of the peninsula, was captured while in action in 1915 and executed in the same year.

1908년 블라디보스톡의 망명 동지들. 황병길(黃秉吉) 의사는 북로군정서 소속으로 청산리전투에서 전사했고, 백규삼(白奎三) 의사는 만주에서 대한독립단을 조직, 항일투쟁중 전사했다. 이들 중 엄인섭(嚴仁燮)은 변절자.

Patriots-in-exile at Vladivostok in 1908. Among them, Ŏm, Insŏp(extreme right) turned out as a renegade.

일본군의 항일의병대 소탕작전. 1909년부터 가열된 일본
군의 국내 의병대 소탕작전으로 의병들은 근거지를 잃고
한만국경을 넘어 만주로 본거지를 옮겼다.

Japanese army strengthened moppoing-up operation against loyal
troops at home. As the result, the loyal troops were obliged to move
to Manchuria and fought with it as the stronghold of Anti-Jap opera-
tions.

Japanese soldiers are crossing a river to chase korean loyal troops.

의병을 추격, 강을 건너고 있는 일본군.

Detached prison at Kunsan where prisoners of loyal troops were kept.

의병투쟁 당시 의병들이 수감된 광주감옥 군산분감.

호남 항일 의병투쟁

Anti-Japanese struggle in Honam area.

한일합방을 전후해서 전국 의병들의 60.1%, 교전회수의 47.3%를 차지할 만큼 호남지방은 의병투쟁의 중심지역이었다. 일본경찰과 헌병대가 집계한 통계에 따르면 1908년에는 교전회수에 있어서 전남·강원·황해·전북·충남·경북 등의 순이었고, 1909년에는 전남·전북·경기·경북·충남·강원의 순이었다. 일제는 1909년 9월 1일부터 10월 10일까지 40일간에 걸쳐 보병 2개 연대 2,260명을 동원, 전남지역을 휩쓰는 소위 「남한대토벌작전」을 벌였다. 이때 광주를 중심으로 한 전남지역에서 일본군과 싸운 의병 수가 17,570명으로 집계되었다.

Honam area(southwestern part of south korea)occupied 60.1% of total loyal forces and 47.3% of total clash of arms.
At was natural, therefore. the Japanese mopping-up operations centered around this region. In 1909, for 40 days starting sep. I through Oct. 10, the Japanese army mobilized 2 infantry regiments against loyal troops totalling 17,570, according to Japanese statistics.

Loyal troops commanders captured in Honam area in 'Great Mopping-up operations in south Korea'.

일본의 소위 「남한대토벌작전」에 끝까지 항전하다 체포된 호남의병장들. 가슴에 포로번호를 달고 있다. 앞줄 왼쪽부터 송병운(宋丙雲)·오성술(吳成述)·이강산(李江山)·모천년(牟千年)·강무경(姜武京)·이영준(李永俊), 뒷줄 왼쪽부터 황장일(黃壯一)·김원국(金元局)·양진녀(梁鎭汝)·심남일(沈南一)·조규문(曺圭文)·안계홍(安桂洪)·김병철(金丙喆)·강사문(姜士文)·나성화(羅聖化) 의병장.

Loyal troops members detained in Kongju prison, Chung chŏngnamdo province.

공주(公州) 감옥에 잡혀온 충남 의병들의 모습.

친일파의 설득. 체포된 의병들 앞에서 일본군 감시하에
친일파 전라감사가 의병활동의 중지를 훈시하고 있다.

Pro-Jap provincial governor, Chŏllanamd province per-
suades the captured loyal troops to give up fighting,
under surveillance of Japanese army officers.

항일의병장 임병찬 선생. 임병찬(林炳瓚, 1851~1916) 선생은 전북 옥구(沃溝) 출신으로 동학혁명 때 관직을 사퇴하고 1905년 을사조약이 체결되자 스승 최익현(崔益鉉) 선생과 함께 의병 200명을 이끌고 순창(淳昌)에서 일본군과 싸웠으나 피체, 대마도로 유배되었다. 그 후 돌아와 1910년 한일합방 당시 다시 전남 독립의군부(獨立義軍府) 순무대장이 되어 무장 투쟁을 하다가 1916년 거문도에서 단식 순국했다.

Loyal troops commander, Im, Byŏngchan(1851-1916) after a series of strenuous resistance against Japanese ruthless oppression policy, he lived in exile at kŏmundo Island and died of fasting for his motherland. ▼

Loyal troops commander, kwŏn, Taek who was captured alive at Changhŭng, Chŏllanamdo province.

전남 장흥에서 일본군에게 체포된 의병장 권택(權澤).

무명용사와 의병들의 무기

Unknown soldiers and weapons of loyal troops

호남지역 「의병토벌」에 나선 일본군이 온 마을을 뒤지며 의병들을 뒤쫓고 있다.

Japanese soldiers are chasing loyal troops out of villages in their mopping-up operation in Honam area.

Matchlock guns used by loyal troops in Anti-Jap combats.

의병투쟁 당시 항일의병들이 사용한 화승총.

의병투쟁 무명용사와 의병들이 사용한 각종 무기류.

Various weapons and ammunition used by unknown soldiers and loyal toops.

각도별 의병 교전 회수와 교전 의병수

회수 및 병수 / 연도 / 도별	교전 회수 1908	교전 회수 1909	교전 의병수 1908	교전 의병수 1909
경 기 도	78	165	1,453	3,453
충 청 북 도	113	66	6,815	832
충 청 남 도	217	138	7,666	1,003
전 라 북 도	219	273	9,960	5,576
전 라 남 도	274	547	10,544	17,579
경 상 남 도	153	61	3,328	934
경 상 북 도	158	161	5,702	3,667
강 원 도	273	124	18,599	2,468
황 해 도	232	111	7,998	2,148
평 안 남 도	108	61	1,391	540
평 안 북 도	41	17	2,590	123
함 경 남 도	99	14	6,438	270
함 경 북 도	11		283	
합 계	1,976	1,738	82,767	38,593

＊독립운동사자료집에서

Number of clashes and loyal troops according to the respective provinces.

A hamlet in Kangwondo province spotted as
a stronghold of loyal troops was utterly devastated like this.

의병활동의 근거지로 지목되어 일본군에 의해 페허가 된 강원도 제천의 한 마을.

1910년 8월 29일부터 제국주의 일본은 경복궁 근정전에
일장기를 걸어놓고 국권찬탈을 철저히 상징화했다.
From Aug. 29. 1910 on, imperialistic Japan
symbolized her usurpation of Korea's national
sovereignty by raising Japanese flags in front
of Kŭnjŏngjŏn (hall of audience with the king),
Kyŏngbok Palace.

제 6 장

Chapter 6 The Succumbing Day

나라가 없어지던 날

1910년 8월 29일, 이날 500년 조선 왕조의 서울 한
양에 지는 해는 다시는 떠오르지 않을 것 같았다. 왜
냐하면 500년 사직이 「합방조약」이라는 종이 한장으로
종적을 감출 날이기 때문이다.

그러나 왕조는 사라져도 백성은 죽지 않으며 나라는
빼앗겨도 민족은 영원하다.

한양 시민은 다음날 아침 찬란히 떠오르는 태양을
바라보았다.

이날부터 「한국의 독립을 둘러싸고 주인인 한민족과
침략자인 일제가 상호 대응한 시기라고 하겠다. 비록
일제가 군사적으로 한국을 강점하여 통치한다 하더라
도 한국인이 주인이며 한민족이 주체라는 평범한 사실
에서 출발하는 것이다.」(윤병석(尹炳奭) 〈독립운동 방
략〉에서 인용).

그러나 일제의 침략은 너무나 혹독하였다. 「헌병통
치」가 어떤 것인지는 1910년대를 체험한 한국인이 아
니면 짐작조차 할 수 없는 것이다.

1910년 8월 29일, 일제 끝내 조선을 병탄

Japan finally annexed Korea on Aug 29, 1910.

In 1910, Japan entirely annexed Korean. The country was renamed as 'Chosòn' from the empire of the Great Han. The newly appointed Japanese Governor General, Terauchi, the incumbent minister of army vigorously began to suppress Korean politics, education, culture, business and press under the 'Protectorate Treaty'. The notorious Japanese colonial policy called for a subsatantial monopoly by the militarists.

안중근 의사의 이토오 암살(1909년 10월 26일), 이재명 의사의 이완용 암살 실패(12월 22일)라는 사태가 벌어지고 1909년 한해 동안에 교전회수 1,738건, 교전의병수 38,593명이라는 전국적인 의병투쟁이 있었지만 일본은 현직 육군대신 데라우찌를 통감으로 임명(1910년 5월 3일)하는 한편 한국의 경찰권 박탈(6월 24일), 헌병경찰제 실시(6월 30일), 정치집회·옥외민중집회의 금지(8월 23일)라는 무서운 탄압아래 1910년 8월 29일 한·일합방조약을 공포하고 대한제국을 조선으로 개칭, 「조선총독부」를 설치했다.

Procession of Terauchi. 'st Governor—General to Korea, incumbent minister of Army of Japan. He was one of the trio representing Japanese military imperialism from Yamakuchi prefecture, Japan. The other two were: Yamagata, ringleader of Japanese military group and Katsura, Prime minister.

1910년 7월 23일, 일본정부의 현직 육군대신 자격으로 통감에 부임하는 데라우찌(寺內正毅)의 행렬. 데라우찌는 당시 일본군벌의 총수 야마가다(山縣有朋), 수상 가쓰라(桂太郎)와 같은 야마구찌 현(山口縣) 하기성(萩城) 출신이며 이 3인은 이른바 일본제국주의의 본산이기도 했다. 데라우찌는 「조선총독부」 초대 총독이 되어 무단통치의 장본인이 된다.

1910년 8월 29일에 대한제국의 종말을 고하는 순종의 칙유.

Royal instructions announcing the end of Empire of the Great Han on Aug. 29. 1910.

The original text of the signatory document of Korea—Japan Annexation Treaty signed by Yi, Wanyong, prime minister and Terauchi, Governor—General.

1910년 8월 22일, 총리대신 이완용과 데라우찌 통감이 싸인한 한•일합방조약 조인서 원본.

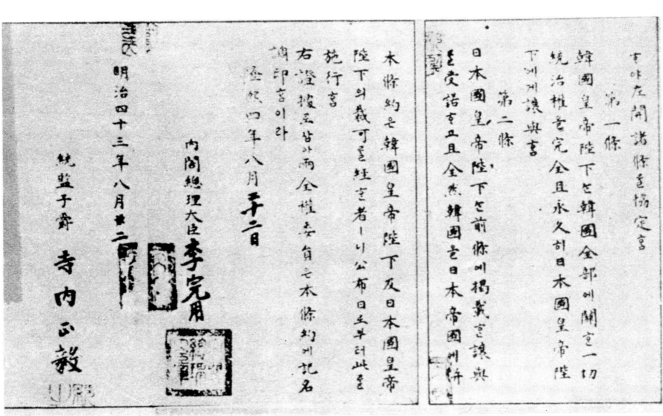

합방 원흉과 국치의 테이블

Annexation masterminds and the table of national disgrace.

Official residence of governor—General located on the Namsan hill. All successive governors—general lived here and signatory ceremony was held here.

남산 왜성대에 있었던 통감 관사. 역대 통감이 이 집에서 살았고, 8월 22일 이완용과 데라우찌가 조인한 합방조약도 이 집에서 이루어졌다.

데라우찌의 통감부임 20여 일 만인 8월 16일, 통감 관사에서 있은 데라우찌·이완용·조중응(趙重應) 3자회담 자리에서 합방조약안과 합방각서가 수교되었다. 이틀 후인 8월 18일 각의에 합방조약안이 상정되고 4일 후인 8월 22일에 조인, 1주일 후인 8월 29일에는 나라를 잃도록 만든 장본인들이었다.

On Aug 16, some 20 days after Terauchi proceeded to his new post, the annexation draft and memorandum were exchanged at the talks table among three parti- cipants, Terauchi, Yi, Wanyong and Cho, Jungŭng. from left: Terauchi, Yi, Wanyong and Cho, Jungŭng.

왼쪽으로부터 데라우찌 마사다께·이완용·조중응.

1910년 8월 22일, 한·일합방조약이 조인된 통감 관사의 응접실 테이블.

The table in the drawing room which was used for signing of K—J Annexation Treaty an Aug 22, 1910.

Picture taken immediately after K—J annexation treaty was signed in front of the Stone House, Tŏksu palace.
　Central figure with white beard at the front row is king Kojong.

합방 직후 덕수궁 석조전 앞에서 촬영한 고종, 순종과 총독부 간부들. 중앙이 고종, 그 오른쪽이 순종, 고종 왼쪽은 영친왕, 그 옆이 데라우찌 총독.

덕수궁 인정전 앞에서 찍은 왕족과 친일 역적들의 사진. 데라우찌 총독과 총독부 관리들이 포오즈를 취하고 있다. Picture taken in front of Injŏngjŏn, Tŏksu Palace.

Souvenir picture for Japanese Crown Prince's
visit to Crown Prince Yongchin.
—134—

황태자 영친왕을 만나기 위한 일본 황태자의 내한 기념 사진.

식민지 지배의 시작 — 조선총독부

Chosŏn Government—General—opening the door to
Japanese colonial rule.

Namsan Government—General building used until the
completion of new one at the compound of Kyŏngbok
Palace.

경복궁 안에 새 청사를 짓기 전까지 사용한 남산 총독부 청사.

1st Govenor—General, Masatake Terauchi (left) and
1st Commander of military police and concurrently,
superintendent—General for Police Affairs, Akaishi.

초대총독 데라우찌 마사다께(왼쪽편)와 초대 헌병사령관
겸 경무총감 아까이시.

일제의 악랄한 총검통치

Vicious gun—and—swords policy of imperialistic Japan

The Supreme Court under the Government—General.
Judiciary power was already confiscated as early as in 1907,
3 years before the national disgrace.

Bureau of police Administration, hotbed of military police gov-
ernment Military police commander was concurrently the su-
perintendent—General for police Affairs.

헌병통치의 복마전 경무국(警務局) 건물. 일제는 헌병사령관이 총독부 경무총감을 겸임하는 헌병경찰제도를 채택, 1918년 한 해만도 항일 인사 14만 명을 검거하는 악랄한 무단통치를 강행했다.

Korean Police under the Superintendent—Genenal for police affairs Government—General.

총독부 경무총감 산하의 한국인 경관들.

Terauchi inspecting Korean People.

육군대장인 데라우찌는 통감에서 초대 총독으로 눌러앉아 악랄한 무단통치를 자행했다.

민족주의자 탄압의 날조극 「105인 사건」

'105 Incident', cooked—up drama for oppression of Korean nationalists.

1911년 9월, 「신민회」주동인물을 포함, 서북지방 민족주의자 700명을 소위 「데라우찌 총독 암살음모」라는 혐의로 검거하여 1차 공판에서 105인에게만 언도를 내린 완전한 날조극.

A fabricated drama for sentencing to 105 patriots among 700 culprits under accusation of governor General Terauchi's assassination plot.

Korean attorneys—at—law who are entering the court to argue on behalf of the accused 105 culprits. Kim, Byŏngno at the front and Chŏng, Kuyŏng, third with the glasses on.

「105인 사건」때 일본인 변호사 등 20여 명이 사건 조작을 통박했으나 법정에서 통할 리 없었다. 「105인 사건」때 변론을 편 김병로(金炳魯) 선생(맨앞), 세번째가 정구영(鄭求暎) 선생.

Hauling the accused to the court in Sept, 1911.

1911년 9월, 소위 「105인 사건」 피의자들이 공판정으로 끌려가는 모습.

1912년 9월 28일의 제1심 언도에서 양기탁 선생 등 6명은 징역 10년, 차이석(車利錫) 선생 등 17명은 징역 7년, 양전백(梁甸伯) 등 38명은 징역 6년, 편강렬(片康烈) 등 41명은 징역 5년을 선고받았다.

Those patriots who were sentenced to 5~10 years terms of imprisonment.

양기탁(梁起鐸) 징역 10년

Yang Kitak —10 years

이승훈(李昇薰) 징역 10년

Yi, Sŭnghŭn —10 years

유동열(柳東説) 징역 10년

Yu, Dongyŏl—10 years

차이석(車利錫) 징역 7년

Cha Isŏk— 7 years

이명룡(李明龍) 징역 7년

Yi, Myŏngyong—7 years

양전백(梁甸伯) 징역 6년

Yang, Jonbaek—6 years

편강렬(片康烈) 징역 5년

Pyŏn, Kangyŏl—5 years

윤치호(尹致昊) 징역 10년

Yun, Chiho—10 Years

—139—

식민지 수탈에의 착수 그 아성과 현장

Colonial exploitation

The Government—General was busy for advertising and selling Japanese goods by opening fairs (competitive exhibitions).

총독부는 소위 「공진회(共進會)」(박람회)를 열어 일본 상품의 선전과 판매에 열을 올렸다.

The Govenment—General frequently opened country fairs to buy native goods at a bargain and take them back to Japan.

총독부는 「토산물 품평회」를 자주 열어 한국의 토산품을 헐값으로 사서 일본으로 가져갔다.

「토지조사사업」. 한·일합방 한달 후인 1910년 9월 30일, 총독부에 「임시토지조사국」을 설치하고 토지강탈을 위한 「토지조사사업」을 실시했다. 이로써 종래의 국유지는 모두 관유지 즉 총독부당국의 소유가 되고, 그밖의 부당하게 신고한 토지나 신고되지 않은 일반농지 및 미개간지·간석지·산림 등이 모두 일본의 손아귀로 넘어갔다. 약탈한 농지와 간석지의 일부는 동척(東拓)·불이(不二)·편창(片倉) 등 일본인 토지회사나 일본인 이민들에게 불하되었다. 1921년의 조사에 의하면 100정보 이상의 대지주가 한국인 426명에 일본인 487명이던 것이 1927년에는 한국인 334명, 일본인 553명이었다. 농지를 상실하고 날품팔이 노동자로 전락한 숫자를 보면 1912년에 35만 명이던 것이 1917년에 45만 명, 화전민으로 전락한 농민의 수는 1916년 24만 5천 명이던 것이 1933년에는 144만 명이나 되었다. 사진 상(上)은 총독부 토지조사국 제도과의 면적 계산, 하(下)는 지형측량 광경.

Korea was reshaped economically by the coercion of Korean—ownd estate expropriation policy. She became the 'rice—bowl' of Japanese policy state. They set up the Oriental Development Corporation the most powerful quasi—official corporation to exploit Korea of its economy. Thus Japan was able to dominate not only the political but also the economic life of the Korean people.

일제 경제 수탈의 아성 동양척식주식회사. 1908년 12월, 일제가 자본금 1천만 원으로 설립한 식민지 경제 수탈의 본거지. 이 「동척」 건물은 경술국치 이후에 건립한 것으로 을지로 2가에 있었다.

The Oriental Development Corporation building. stronghold of Japanese exploitation of Korea.

이태조가 조선왕조를 개국하면서 세운 경복궁은 임진왜란 때 전소, 폐허화된 것을 대원군이 왕권의 상징으로 1869년에 새롭게 중건, 궁궐로 사용하다가 1895년 민비가 여기서 살해되고 고종의 「아관파천」 이후 덕수궁에 계속 머물자 점차 퇴락해 갔다. 한·일합방이 된 1910년에 총독부는 경복궁 안의 건물 4,000여간을 헐어 불하했고 1926년에는 근정전 앞마당에 총독부청사를 지어 식민지통치를 상징했다. 1916년 6월에 기공하여 10년 만인 1926년에 완공된 총독부 청사 공사현장 사진.

Construction work of new Government—General building on the site in front of Kŭnjŏng-jŏn Kyŏngbok Palace (now National Museum is located), symbol of Royal sovereignty during the reign of Taewongun who had reconstructed it in 1869.
But it gradually faded away since Queen Min's assassination here and Royal flight to Russian consulate from Tŏksu Palace where King Kojong stayed thereafter.

「토지조사사업」당시 일본인 측량사와 기술자를 동원, 각 지방마다 개황도에 의거, 토지의 현상과 면적을 측정하여 지적도를 만들었다. 측량용 기구를 지게에 신고 출발하는 한국인 옆에 일본인 기술자들이 서서 사진을 찍고 있다.

Japanese civil engineers engaging in surveying work in Chŏllanam do province.

일본인 토목기사들의 전남 무안군 토지 세부 측량 현장.

Japanese minister of Transportation came over to Korea to urge the completion (Nor 10, 1904) of Seoul—Pusan railroad construction work.

경부선 철도공사 완공(1904년 11월 10일)을 앞두고 일본정부의 체신대신이 공사를 직접 독려했다. 이 해 2월에 노일전쟁이 터졌고 철도개통이 진박했던 것이다. 이듬해 정월 초하루에 경부선은 개통되었다.

조선을 군사기지화 ― 조선군사령부 설치

Military base of Japan—Chosŏn Military command set up.

말을 타고 조선군 사령부 정문에 들어서는 마쓰가끼(松垣) 사령관(그는
1945년 패전 후 미군재판에서 교수형으로 처형되었다).
Commander Matsukaki on horseback entering the front gate of Cho-
sŏn Military command. He was hanged to death as a war criminal
after the Japanese defeat in the World War Ⅱ.

철문 사이로 보이는 조선군 사령부 관사(1906년 6월 준공).

Command building seen through the main iron gate.

조선군사령부 오꾸보(大久保) 사령관과 그 부하들.
Commander Ōkubo and his staff.

Panoramic view of the barracks of 20th Division stationed at Yongsan, Seoul.
용산에 주둔한 조선군 제20사단 병영 전경(1907년 9월).

일제가 나남을 군사도시로 꾸민 뒤에 세운 제19사단 본부건물.

19th Division Hqs set up at Nanam after it was reshaped as a military base.

Whole view of the barracks of 19th Division which was on guard of Korean—Manchurian border.

함북 나남(羅南) 제19사단 병영 전경. 제76연대, 제73연대, 기병 제27연대 등이 나남에 있었다. 이 나남사단은 한만국경 수비전담이었다.

Military city, Nanam where Hamkyŏngbukdo provincial government was also located. Roads are radiating in all directions starting from the Central Park.

군사도시 나남(羅南), 1915년 조선군 제19사단이 주둔하자 함북도청도 나남으로 이전해 와 신시가지로 형성, 발전했다. 중앙공원을 중심으로 방사선으로 뻗은 도심지.

국경 경비차 두만강을 빙상 행군하는 제19사단 산하 일본군.
Japanese soldier crossing the frozen water of the Tu-
man River to police the Korean—Manchurian border.

Maneuvering of the 75th regiment stationed at
Hoeryŏng, Hamkyŏngbukdo province.

함북 회령(會寧) 주둔 제75연대의 두만강 경비훈련.

삼엄한 국경봉쇄, 항일독립군의 활동저지

Strict border blockcade.

Japanese guard an Korean—Manchurian border.

한·만 국경지대를 순찰하는 일군 경비대.

두만강 근처 국경경비초소에서 한국인의 휴대품을 검색하는 일본군 국경 경비대.

Japanese garrison inspecting Koreans at a border check point

Japanese border garrison checking Korean who cross
the border line.

한・만국경의 한국인 월경자를 철저하게 검문 검색하는 일
본군 국경 경비대.

압록강 만포진 부근에서 한국인
을 총칼로 검문하는 일본군 경비
대.

Koreans crossing the Yalu
at the point of Japanese
bayonet.

야간 패트롤의 연락을 취하고 있는 함남 삼수군 나
완보 주재소의 일본인 경관들.
Japanese police patrol on
night duty.

Police patrol in Pyŏnganbukdo province in 1910s when armed
Anti—Japanese struggle were being intensified.
항일무장투쟁이 격화된 1910년대의 평북 창성군 산하 경찰 패트롤 대.

두만강 국경지대인 경흥경찰서 산하 주재소에서의 한국인 검색.

Koreans are under police inspection at a police box near the Tuman River.

Wives of Japanese border garrison are undergoing target practice.

국경특별경비대의 부인들(일본인)도 실탄 사격훈련을 받고 무장했다.

빼앗기고 쫓겨가는 간도행 이민 대열

두만강을 건너면 넓은 만주벌판 한 모퉁이에 간도(間島)가 있다. 이곳은 고구려, 발해시대 이래 역사적으로 오랫동안 우리 민족과 깊은 인연이 있다. 현대사에 접어들면서 일제의 식민지 통치에 견디지 못한 수많은 동포들이 이주해 온 곳, 한일합방 이후에는 독립투사들의 본거지가 된 곳, 이곳 간도는 어두웠던 우리 과거의 쓰라린 기억과 함께 제2의 고향이 되었던 곳이다. 초기에는 간도(墾島)라 했는데 개간하고 농사짓는 것을 주로 한 데서 생긴 이름이리라.

Kando, located near Korean—Manchurian border was the strong hold of the loyal independence army as well as the hub of the Koreans who escaped the hands of ruthless Japanese exploitation.
It lived as the second home of the vagabonds within their memory even after the annexation.

두만강 건너 간도 용정(龍井)은 한국인의 제2의 고향. 이상설(李相卨) 선생의 「서전의숙(瑞甸義熟)」도 이 용정에 있었다. 고향을 떠나 두만강을 건너 첫 귀착지가 이 용정이었다.

Yongjŏng was the first place Korean vagabonds reached after they crossed the border.
Mr, Yi, Sangsŏl set up a middle school called Sŏjŏnŭsuk at this border city.

합방 직후 한때는 중국으로 망명하는 이주집단도 있었다.

There were groups of immigrants to China immediately after the annexation.

두만강 건너 만주 땅 간도가 바라보이는 철교.

Kando, Manchuria beyond the iron bridge across the border.

간도 용정(龍井) 전경. 3·1운동 후 많은 한국인들이 이곳으로 와 간도지방의 교육·문화·상업의 중심지가 되었다.

Whole view of city of Yongjŏng, Kando. It became the hub of korean education, culture and business in Kando area after March 1st Independence movement.

A Korean street of Todogu near Yongjŏng.

용정 부근 도도구의 한국인 거리.

A Korean village in Kando region. The independence
troops used Korean villages as liaison point of inde-
pendence movement.

간도 시골의 한국인 부락. 독립군부대는 한국인 부락을 독
립운동의 연락처로 삼았다.

Upper stream of The Tuman River.
Anti—Japanese independence troops including Gen
Hong, Bŏmdo crossed here to fight against the
Japanese army.

두만강 상류. 홍범도(洪範圖) 장군 등 많은 항일독립군이
이 두만강 상류를 건너 국내 항일전을 벌였다.

겨울철의 간도 풍정.　People in Kando in winter season.

Korean immigrants residing in Kando were of same blood and lineage sharing grief of losing motherland with one another.

간도로 이주해 온 한국인들은 모두가 한 핏줄, 한 형제였다. 나라 잃은 설움이 같았기 때문이다.

겨울철의 간도 풍정. Koreans in Kando during the winter.

이국땅 간도에서 맞은 한국인의 명절 풍정. Koreans celebrating a Korean holiday in the alien country, Kando.

간도의 한국인은 늘 가난과 감시 속에 하루도 편한 날이 없었다.
Koreans residing in Kando were under constant surveill-
ance of Japanese police and poverty.

Koreans in white garment gathered at a cattle mast.
1909년, 간도 벌판에 모인 백의(白衣)의 모습.

간도 이주민의 가을 타작 마당.

Korean farmers threshing in fall season.

Wood-cutting was a means for a living for Korean immigrants residing in Kando region.

간도 이주민의 생업 중 하나인 벌목(伐木) 장면.

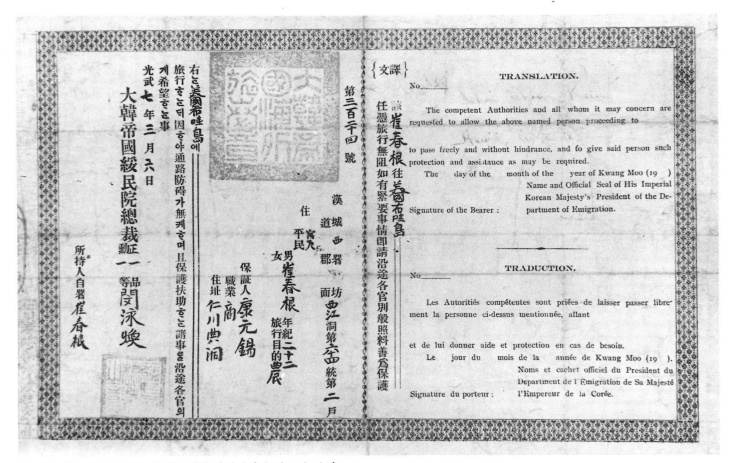

대한제국 광무 7년(1903년) 해외 여행자에게 발급된 여권.
Passport for those who travel abroad in 7th year of
Kwangmu, the Empire of the Great Han.

제 7 장
Chapter 7 Independence Movement Abroad
國外의 獨立運動

1910년 4월 국내 정치비밀결사 「신민회」주동인물
인 이동녕(李東寧)·이시영(李始榮)·양기탁(梁起鐸)
선생 등이 국내 정치투쟁의 종말을 예견하고 가족 등
을 대동하여 서간도(西間島) 삼원보(三原堡)로 망명,
자치기관으로 경학사(耕學社)와 교육기관으로 신흥강
습소(新興講習所)를 설치한 것이 근대적 독립운동기
지(獨立運動基地) 마련의 시작이라 할 수 있다.

블라디보스톡의 「권업회(勸業會)」, 간도의 「중광단
(重光團)」,「부민단(扶民團)」 등의 조직이 잇달았다.

미주(美州)에서는 박용만(朴容萬) 선생의 주동으
로 1914년 6월 10일 하와이에서 「국민군단(國民軍
團)」이라는 무력단체를 조직했다.

특기할 것은 최근에 밝혀진 것으로 1914년 3월 이
상설(李相卨) 선생이 정통령(正統領)에 취임한 최초
의 망명정부 「대한광복군정부」를 수립한 일이다. 이
망명정부는 노일전쟁 10주년을 기념하여 러시아 극동
총독 브스틴의 양해하에 수립되었던 것이다.

최초의 망명정부 「대한광복군정부」

A large number of Korean independence leaders escaped to China, Manchuria. Siberia and the United States in the face of Japanese military suppres-

『이상설(李相卨)은 마침내 1914년 시베리아 블라디보스톡에 국치(國恥)후 최초의 망명정부의 이름을 남긴 「대한광복군정부(大韓光復軍政府)」를 세웠고, 그를 영도할 정통령에 당선되었다. 이 정부는 광복군을 주축으로 한 국내외의 모든 독립운동을 주도할 중추기관으로 만들어졌으며, 일제에 의한 민족수난기에 세워진 최초의 망명정부가 된다. 이상설의 나이 45세 때의 일이고 1910년 경술국치로부터 4년, 그가 독립운동에 투신한 1904년으로부터 10년째의 일이다.』(윤병석 저 이상설전, p. 155).

이 「대한광복군정부」의 건립 사실(史實)은 뒤바보 저 〈아령실기(俄領實記)〉와 관설제(管雪齋) 저 〈한국지사소전〉 이상설편에 짤막하게 기록되어 있을 뿐이지만 1914년은 마침 노일전쟁 10주년에 해당하여 연초부터 러시아 안에는 새로운 노일전쟁이 임박했다는 풍설이 팽배했었고 이러한 때 이상설 선생은 이동휘(李東輝)·이동녕(李東寧)·정재관(鄭在寬) 등과 중국·러시아 등지에서 규합한 동지들을 단합시켜 군정부를 세웠던 것이다.

sion. Korea was completely being transformed into a Japanese colony. The ruthles Japanese oppression stressed up strong anti—Japanese sentiments among the Koreans both at home and abroad.
Mr. Yi, Sangsŏl was one who first set up 'Taehan Kwangbokgun jŏngbu' or Restoration Army Gov't of the Great Han in 1914 in Vladivostok, Siberia after the national disgrace, and he was elected as its 1st president. It was the first Korean Gov't in exile out of the country.

This is the historical document of official announcement of the Empire of the Great Han submitted by three envoys, Yi, Sangsŏl, Yi, Jun and Yi, Wijong to the International Peace Conference on June 27, 1907 revealing her standpoint and request.

이상설(李相卨, 1871~1917) 선생은 1907년 6월 네델란드 헤이그에 파견된 고종의 정사(正使)로서 사실상 국제무대에 등장한 첫 국가대표였다. 일본의 사주로 국내에서는 궐석재판에서 사형선고를 받자 귀국을 단념하고 1909년 미국에서 「국민회」, 1910년 연해주에서 「성명회」, 1911년 블라디보스톡에서 「권업회」 등 민족단체를 조직하고 1914년의 「대한광복군정부」를 건립하는 등 3·1운동 전까지 해외에서 가장 포괄적인 독립운동을 전개한 인물이었다. 1917년 3월 오랜 지병으로 연해주 니콜리스크에서 48세를 일기로 작고했다.

Yi, Sangsŏl(1871-1917) was the first virtual national representative ever dispatched to Hague. Netherland as official envoy of king, Kojong in June 1907. He was the figure who developed the most comprehensive independence movement abroad before the epoch-making March 1st Independence Movement in 1919. He died in 1917 at the age of 48 in the coastal state, Siberia due to an attack of chronic disease.

1907년 6월 27일, 헤이그 만국평화회의에 제출한 3특사(이상설·이준·이위종)의 공고사. 이 「공고사」는 한국의 입장과 요구를 밝힌 한말외교의 역사적 문서이다.

1906년 8월, 이상설 선생이 간도 용정 부첫골(大佛洞)에 설립한 「서전서숙(瑞甸書塾)」. 근대적 항일민족교육의 요람이었다. 일본의 박해로 문을 닫았으나 김약연(金躍淵) 선생은 「서전서숙」의 후신으로 1908년 「명동서숙(明東書塾)」을 설립했다.

The sign on the right pole reads 'Sŏjŏn sŏsuk,' which was a cradle for modern. national anti-Japanese education set up by Yi, Sangsŏl in Aug. 1906, at Taebuldong, Yongjŏng, Kando.

Picture taken on Apr. 22, 1909 when the 1st conference of Board of Trustees, 'Kukminhoe' was held in the U. S.
From right of the front row ; Chŏng, Jaekwan, Chairman, Yi, Sangsŏl and Hŏ Jaejŏng.

1909년 4월 22일, 미국에서 「국민회」 제 1 차 이사회 때 찍은 기념 사진. 앞줄 오른쪽부터 정재관(鄭在寬) 총회장, 이상설 선생, 허재정 선생 등이다.

독립투쟁의 기지
만주의 삼원보

Samwonbo in Manchuria, base of independence struggle.

추정(秋汀) 이갑(李甲, 1877~1917) 선생.
Yi, Kap(1877-1917)

Shinhŭng training Institute(predecessor of Shinhŏng military Academy) was set up by leaders-in-exile, Yang, Giták, Yi, hoeyŏng, and Yi, Shiyŏng who fled to Samwŏnbo, Manchuria.

1909년 서울 양기탁(梁起鐸) 선생 집에서 「신민회」간부들이 비밀 회의를 열고 「해외독립전쟁 기지」 문제와 독립군 양성의 군관학교 설립문제를 협의함에 따라 1910년 말 이회영(李會榮)·이시영(李始榮) 선생의 6형제 전 가족이 망명, 만주 유하원 삼원보에 「경학사」를 조직하고 「신흥강습소」를 설립했다. 이것이 「신흥무관학교」의 전신이다.

Yi, Hoeyŏng(1866-1932), the founders of shinhŭng Military Academy.

「신흥무관학교」를 설립한 이회영(李會榮, 1866~1932) 선생.

Cadets of Shinhŭng Training Institute,
which produced as many as 2,100 cadets until it was
elevated to Shinhŭng Military Academy.
노동하며 훈련받는 신흥강습소 학생들. 신흥무관학교로 승격되어 폐교될 때까지 2,100명의 독립군 사관을 배출했다.

「북로군정서」 총재 백포(白圃) 서일(徐一、1881~1921) 선생.

Sŏ, Il (1881-1921), president of Puknogunjŏngsŏ.

General Shin, Palkyun (1882-1924)An armed forces leader in Manchuria.

만주무장독립투쟁의 신팔균(申八均、1882~1924) 장군.

통의부 산하 무관학교의 훈련요세지인 만주 흥경현 이도구의 깊은 산속. 신팔균 장군 지휘하의 독립군 훈련장.

Training Center of Independence troops under the command of Gen. Shin.

재미교포와 조국광복에의 열망

Korean girls residing in Hawaii are praying for the national restoration, hugging. Taegukgi in each breast (1916).

재미교포와 조국광복에의 열망

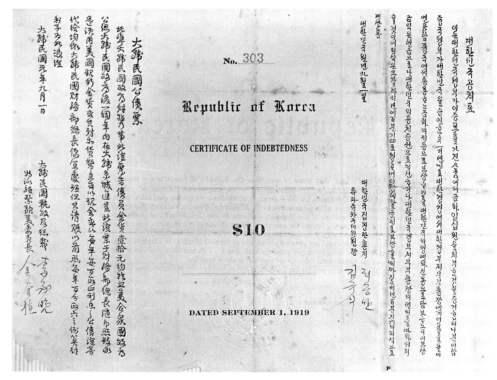

상해임시정부 수립이후 대한민국 1년 9월 1일자 발행 「대한민국집정관 총재」 이승만과 「특파주차구미 위원장」 김규식 공동명의의 「대한민국공 채」. 상은 영문 50달러 공채, 하는 국한문 10달러 공채.

Certificate of public debt issued by Rhee, Syugman, President of Republic of Korea at that time, and Kim, Kyusick, Chairmen of Korean Commission on Sept 1, 1st year of Republic of Korea following establishment of Shanaghai provisional Government. Upper in the certificate of indebtness in Enghish version for $50. Below is for $10 written in both Korean and Chinese.

1916년, 태극기를 가슴에 안고 조국의 광복을 기원하는 재 하와이 여성교포들의 애틋한 모습.

하와이의 독립군 「국민군단」

'National Army Corps', Independence army in Hawaii.

1914년 6월 10일, 하와이 가할루 지방 아하마두 농장에서 창단된 「국민군단」 (단장 박용만 선생).

National Army Corps set up on June 10, 1914 in Hawaii.

미주한인 항일군사훈련의 선구자 박용만(朴容萬) 선생.

미주 네브래스카 주 헤스팅스대학의 후원으로 대학구내에서 훈련중인 「한인소년병학교」생도들.

Korean boys training at the campus of the university of Hestings in Nebraska with its support.

하와이에서의 항일독립운동은 박용만(朴容萬, 1881~1928) 선생으로부터 시작되었다. 1904년 미국에 건너간 박용만 선생은 독립운동은 무장투쟁을 통해야 한다는 신념에서 네브래스카주(州) 키어니 농장에 1909년 「한인소년병학교」를 설립, 1912년에 3년간의 교육을 마친 12명의 첫 졸업생을 배출했고, 하와이 교포들의 초청으로 「대한인국민회」 하와이 지방총회 대표가 되어 1914년 6월 10일 「대조선국민군단(大朝鮮國民軍團)」을 창설, 가할루 지방 아하마루농장에서 군사훈련을 실시했는데 처음에는 103명이었으나 311명까지 증가했다. 그러나 박용만 선생의 초청으로 하와이에 온 이승만 박사의 분열책동으로 이 「국민군단」도 재정난에 빠져 해산하고 말았다.

Pak, Yongman founded the National Army Corps with a strong conviction that armed resistance is only and the most effective way to fight against the Japanese rule. But it had to be dishanded halfway on financial grounds, which was maneuvered by Rhee, Syngman who came over to Hawaii at the invitation of Pak.

◀ Commander of The National Army Corps, Pak, Yongman who was a pioneer of anti-Japanese military training in the U. S.

Korean consulate in the U. S.   미국에 있는 한국 공사관.

Hqs of National Army Corps.
「국민군단」 본부건물.

「대한인국민회」하와이 지방총회 간부들과「국민군단」간부들의 1914년 기념 촬영. 둘째줄 중앙의 흰 양복을 입은 분이 하와이 지방총회 대표겸「국민군단」단장인 박용만 선생. 박용만 선생의 초빙으로 교육·출판 담당이 된 이승만 박사의 분열 책동으로 박용만 선생은 1915년 하와이를 떠나고「국민군단」도 해산되었다.

Group picture of the staff of Kukminhoe and National Army Corps. Pak. Yongman left Hawaii due to the obstruction on the of Rhee, Syngman.

「국민군단」의 군사훈련 광경.
Military training of National Army Corps.

National Army Corps holding a military review.
「국민군단」의 열병식.

1913년 안창호(安昌浩) 선생은 미
국에서「흥사단(興士團)」을 조직
했다. 사진은 1917년 샌프란시스
코에서 개최된「흥사단」대회 기
념 사진. 왼쪽에서 5번째가 안창
호 선생.

Mr. An, Changho organized
'Hŭngsadan' in U. S. in 1913.
The picture was taken at the
assembly held in San Francico
in 1917.

하와이 호놀루루의 태극기를 흔
드는 한국인 교포들.

Korean residing in Honolulu
waving Korean and American
flags.

Korean delegates invited at a
banquet of world YMCA con-
ference.

1921년 10월 27일, 세계 YMCA
회의에 초청된 한국인들의 기념
촬영.

동경 2·8독립선언

Feb. 8 Independence declaration in Tokyo, Japan.

1919년 1월 6일, 동경유학생학우회는 2월 8일 도쿄「조선기독교청년회관」에서 독립선언식을 갖기로 결정, 1월 하순 송계백(宋繼白)은 「조선청년독립단」명의의 독립선언서를 현상윤(玄相允)에게 전달했고, 2월 8일 오후 2시 600여 명의 도쿄 유학생들이 모인 가운데 백관수(白寬洙)가 등단, 엄숙하고도 비장한 음성으로 「독립선언문」을 낭독했다. 결의문 채택도 끝나고 노도의 절규, 감격적인 통곡이 장내를 메웠다. 이른바 「2·8독립선언」이었다. 곧 일본경찰에 의해 최팔용(崔八鏞) 등 시위학생 60여 명이 검거되었다.

Koreans student studying in ToKyo assembled at The Korea YMCA hall to declare Korean Independence on Feb. 8. 1919. The Independence Declaration was read by Paek, Kwansu, and letter of dicision was adopted by 600 participants. But some 60 students including Choe, Palyong were nailed on the spot by the Japanese police.

Entrance door of Korea YMCA hall where the 'Feb. 8 Independence Declaration' was read.

「2·8독립선언」이 있었던 도쿄「조선기독교청년회관」의 정문.

「2·8독립선언」을 주도한 유학생들. 앞줄 왼쪽부터 최원순, 두 사람 건너 장영규, 가운데 줄 왼쪽부터 최팔용·윤창석·김철수·백관수·서춘·김도연·송계백, 뒷줄 왼쪽부터 한 사람 건너 변희용·강종섭·이봉수 제씨.

Korean students who led the 'Feb. 8 Independence Declaration' movement in ToKyo.

파고다공원에서 「독립선언」이 있었다는 소식은 서울시민들을 흥분의 도가니로 몰았다. 종로에서 「대한독립만세」를 외치는 시민들의 모습.

Koreans at Chongno are shouting hurrah of Korean Independence at the news that there was a 'Independence Declaration' at the Pagoda park nearly. This provided a momentum for the wave of independence movement throughout the nation.

제 8 장
Chapter 8 March lst Independence Movement
3·1 獨立運動

1919년 3월 1일, 이날은 일제 「헌병통치」 10년 동안 바라볼 수 없었던, 합방 다음날 아침의 태양을 민족주의의 이름으로 처음 바라본 날이었다. 전국 방방곡곡에서 피를 흘리며 죽어가며…….

〈3·1운동은 물론 독립을 「즉각」 쟁취하는 목적에는 실패하였다. 그러나 장기적 관점에서 독립운동을 고양시키고 궁극적으로 독립을 쟁취하는 기초를 만드는 데 성공하였다. 뿐만 아니라 3·1운동은 그 이전의 국권회복운동이나, 그 이후의 독립운동과는 달리 이 운동을 처음 기획하고 조직화한 지도자들의 목적과 예상보다는 훨씬 크게 성공한 운동이었다.〉(신용하(愼鏞廈)「3·1운동의 민족사적 의의」에서 인용)

3·1운동으로 일제의 극악무도한 「헌병통치」와 그들의 한민족 말살정책을 붕괴시키고 소위 「문화정치」라는 슬로건이 말해주듯 언론·출판·집회·결사의 최소한의 자유를 쟁취했고 민족을 보존하기 위한 민족문화운동과 민족실력양성운동을 전개할 기틀을 마련했던 것이다.

사상 최대의 평화적 항쟁 3·1독립선언

Historical Independence Declaration on March 1, 1919

Extra of Maeil shinbo, organ paper of Government—General reporting the death of King Kojong.

1919년 3월 1일 고종(高宗)의 인산(因山)을 애도코자 거리로 나온 시민들이 파고다공원의 「독립선언서」 소식에 순간적으로 「독립만세」를 외치며 데모군중으로 변했다.

Hundreds and Thousands of Seoul citizens who participated in the state funeral for king Kojong were instantly turned into a great wave of peaceful demonstrators at the news of 'Independence Declaration at Pagoda park.

Mourners in front of TöKsu Palace where the King died.

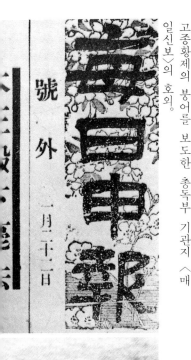

고종황제의 붕어를 보도한 총독부 기관지 〈매일신보〉의 호외.

號外 一月二十二日

고종황제의 붕어 소식이 전해지던 1919년 1월 22일, 덕수궁 대한문 앞으로 수많은 시민들이 몰려 와 통곡했다. 일제 당국이 독립의사의 포기를 강요한 「탄원서」 서명을 끝까지 거절한 고종황제는 온 국민의 흠모를 받고 있었다. 고종황제의 국장은 3월 3일에 거행되었다. 아래는 상복 입은 순종의 모습.

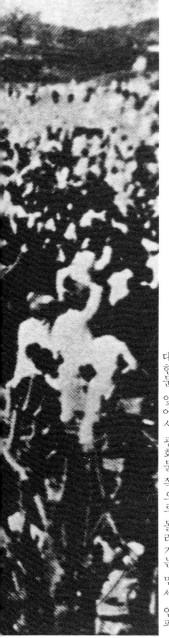

대한문 앞에서 광화문 쪽으로 몰려가는 만세 인파.

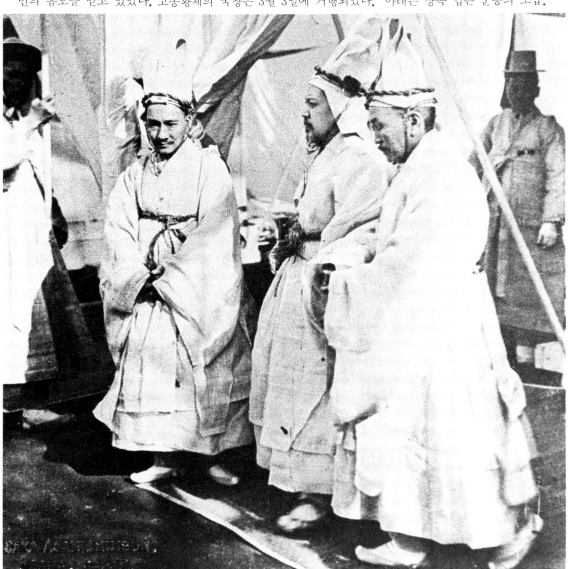

King Sunjong in mourning.

전국 218개 군에서 200여 만명이 궐기

Citizens in white shouting hurrah in front of the Municipal Hall near the Tŏksu Palace.

서울시청 앞에서 만세를 부르는 백의의 군중들.

Citizens at the monument near Kwanghwamun are responding to the demonstrators.

광화문 기념비각에 몰려든 시민들이 시위행진 군중에 호응하고 있다.

The nation's greatest document of Independence Declaration composed of some 2600 letters, printed and circulated throughout the country by Mr. Yi, Jongil.

이종일(李鍾一) 선생이 인쇄하여 전국에 배포한 2,600여 자에 이르는 민족최대의 문서인 「독립선언서」.

대한문 앞에서 만세를 부르는 시민들. Seoul citizens shouting hurrah in front of Taehanmun, Tŏksu Palace.

3월 1일 하오 2시, 민족대표 29인(33인 중 길선주·김병조·유여대·정춘수 불참)은 태화관에 모여 독립선언식을 거행했다.

29 Patriots representing every segment of Korean community(4 were absent) held a ceremany for Independence Declaration at Taehwakwan, Chongno, Seoul at 2 P.M. March 1, 1919.

Taehwakwan building where the Independence Declaration ceremany was held.

1919년 3월 1일 오후 2시, 민족대표 29인(4명 불참)이 모여 독립선언식을 거행한 태화관 건물.

동대문을 메운 시위 군중. Demonstrators swarming around Tongdaemun, or East Gate.

미국영사관 앞에서 독립만세를 부르는 민중들.

Demonstrators give the shout of hurran in front of American Consulate building.

거리마다 일본경찰은 줄지어 서서 시민들에게 위협했다.

Japanese soldiers threatening citizens at every conner of streets in Seoul.

용산 조선군사령부 앞에 삼엄한 경계를 펴고 있는 일본군.

Japanese soldiers on strict guard in front of Korean Army Hqs, Yongsan, Seoul.

Japanese cavalrysmen holding the citizens in check.

시민들의 가두진출을 저지하는 일본군 기마병.

Women's street demonstration.
'Song of motherland' and 'song of Fencing' sung in 'March 1 Independence Movement'. They were translated into Japanese by Japanese authorities which obtained them.
부녀자들의 만세 행진.

3・1운동 당시 국권회복을 노래한 「조국가」와 「격검가」. 일본 관헌이 입수하여 일본어로 번역해 놓았다.

Promulgation by the 'National assembly' was declared Jan. 1919. It stressed that king Kojong was poisoned the Japanese and it was the time for national restor tion.

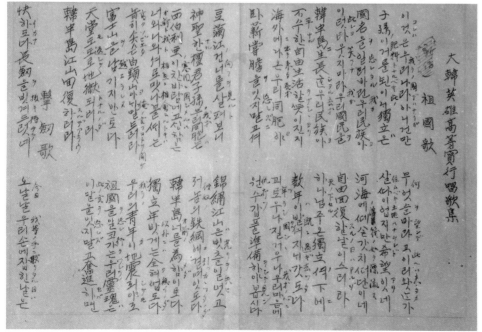

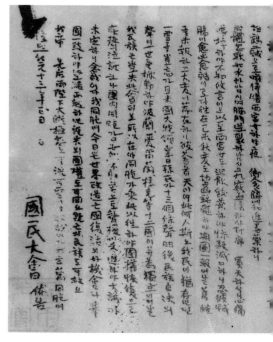

일제의 무차별 검거와 비인도적 학살

분화(噴火) 뒤의 정적이라고 할까, 일제의 무차별 검거와 학살의 피냄새가 거리의 정적에 감돌고 있다.
Silence of death visualizing the scene of holocaust.

Independence declaration drafted and circulated by Chŏndokyo representatives at Kyŏngsŏng county, Hamkyŏngbukdo province in March. 1919.
1919년 3월, 함북 경성군 천도교 대표들이 배포한 「조선독립선언서」 필사본. 유구한 민족의 역사를 강조하고 국치 통한을 되씹으며 자유권 회복을 요구하고 있다.

1919년 1월에 배포한 「국민대회」명의의 포고문. 고종이 독약으로 붕어했다는 내용과 지금은 세계개조와 국가부활의 기회임을 강조하고 있다.

Demonstrators being taken to the court. The culprits totalling up to
1, 8000, about half of them were indicted against security law(6, 427),
sedition(2, 289), and high treason(296) etc.

법정으로 끌려가는 민중들.
1919년 10월 말까지 18,000명
이 구속되었고, 그 중 기소된
사람은 보안법 위반 6,472명,
소요죄 2,289명, 내란죄 296
명, 기타 범죄 232명으로 모
두 9,289명이었다.

Young patriots being taken to
the court.

법정으로 끌려가는 젊은이들.

Women being taken to the court.

법정으로 끌려가는 부녀자들.

제암리학살의 희생자 유족들.
A bereaved family of a victim at Cheamri holocaust.

On Apr. 15, 1919, about 30 Christian and Chŏndokyo were murdered by converging fire of Japanese troops who had forced the believers into the Cheamri Church in Suwŏn.

1919년 4월 15일, 수원군 제암리에서는 일본군경이 기독교도, 천도교도 약 30명을 제암리 교회로 집합 시키고는 집중사격으로 학살하고 교회와 민가를 불 태운 천인공노할 사건이 발생했다. 사진은 선교사 스코필드가 현지 답사하는 광경.

마지막까지 독립만세를 외치며 죽어간 애국지사들.

Patriots who were shot death. They Shouted hurrah to their dying moment.

전국 곳곳에서 자행된 애국지사들의 순국 현장.

Such scene was ubiquitous throughout the country.

Patriots suffering from Japanese persecution.

무장 왜병에게 잡혀온 조선인의 박해 광경.

앉혀 놓은 채 칼로 목을
치는 장면.

Throat of a victim is being cut as he sits.

서울 동대문 밖 만세시위 처형자의 유기 장소에 유족들이
시체를 찾기 위해 몰려들고 있다.

Bereaved families gathered around the execution ground to find the
bodies at the outskirts of East Gate.

Demonstration scene reported
in a paper published by Ko-
rean residing in U. S.

3·1운동 당시에 재미 교포 신문
에 보도된 시위 광경.

Figure of being tortured of a Korean patriot.

일제 관헌의 혹독한 고문으로 처참한 몰골이 된 시위자의 모습.

The human slaughterers even used fodder-chopper to cut the throats of the innocent as-cused.

차마 눈으로 볼 수 없는 처참한 현장, 작두로 목을 자르고 있다.

The Japanese displayed the throats of the victims to give a warning against public upris-ings.

일제는 처형 뒤에도 사진을 공개, 시민 궐기에 제동을 거는 심리전을 폈다.

National Patriots are being taken to the execution ground aboard open rickshaws immediately after the Mar. 1 Independence movement.

3·1운동 직후 악랄한 왜병들에 에워싸여 현장으로 끌려가는 애국지사들.

옥중 만세로
순국한 유관순

소녀 항일투사 유관순(柳寬順, 1904~1920)은 충남 천안 출신으로 이화학당(梨花學堂) 고등과 교비생으로 3·1운동 때 서울에서 시위에 참가했으나 곧 고향으로 내려와 만세 시위를 비밀리에 협의, 4월 2일 아오네(並川) 장터에 모인 3천군중에게 태극기를 나눠주며 시위를 지휘하며 만세를 부르다가 출동한 일본헌병대에 의해 아버지 유중권(柳重權) 씨와 어머니 이씨는 피살되고 자신도 서울 법정으로 끌려가 7년 형을 받아 재감중 갖은 악형 끝에 17세의 어린 나이로 옥중 순국했다.

Yu, Kwansun (1904-1920), Korean version of Joan of Arc, died in prison for her country at the age of 16. Her father and mother were also murdered by Jap gendarmes at the market place of Aone where their daughter showed splendid patriotism by distributing national flags and leading anti-Jap demonstrations.

Yu, Kwansun in prison. She never ceased to resist against prison authorities, and threw a chair at Japanese prosecutor at the court.

옥중 시절의 유관순 양. 법정에서 일본인 검사에게 걸상을 던지면서 항거했고 재감중에도 계속 독립만세를 부르며 동지들을 격려했다.

3·1운동 당시 전국 각지의 무저항 만세시위를 보도한 신문기사.

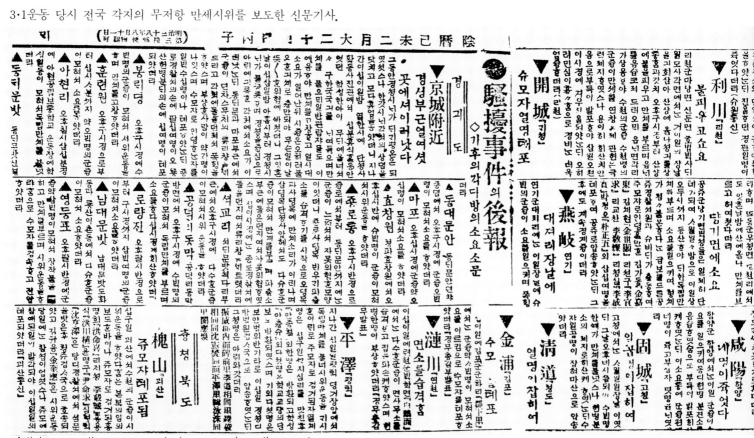

Articles reporting movements in every place througout the country in the March Movement.

Whole view of Sŏdaemun prison where she died for the country shouting hurrah for the national Independence. 유관순 양이 독립만세를 부르며 옥중투쟁을 한 서대문형무소 전경.

Chapter 191 Miss Yu and her classmates(extreme right standing)

당시의 이화학당 본관.
Main building of Ehwa Girls school Miss Yu attended.

감리교 충청도 교구 본부의 미국인 여선교사의 알선으로 이화학당 교비생(校費生)이 된 유관순 양과 당시의 학우들(뒷줄 오른쪽).

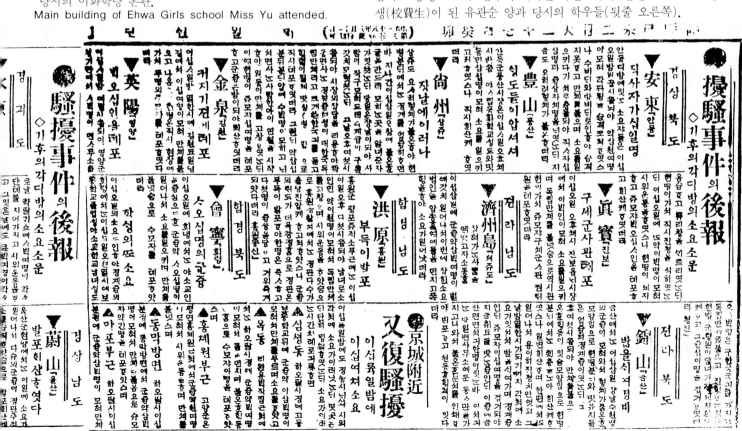

독립군 양성과 우재 이시영 선생

우재(又齋) 이시영(李始榮) 선생은 성재(省齋) 이시영 선생과는 동명이인으로, 1914년 북경에 가서 국제정세를 살피며 동지들과 연락, 수차에 걸쳐 국내에 잠입 「애국단 사건」과 「광복단 사건」으로 옥고를 치루었다. 3·1운동 때는 영남 유림 2백여 명을 상경시켜 「독립선언서」를 지방에 밀송케 하는 등 활약하다가 만주로 망명, 유하현 삼원보의 「신흥무관학교」에서 독립군 양성에 진력하다가 병으로 38세에 별세했다. 선생은 바람같이 나타나 바람같이 사라지고 어디서 와서 어디로 가는지 아는 사람이 없을이만큼 종횡무진한 투사였다.

Training of Independence Army and Yi, Shiyŏng. He fought against the Japanese oppression and experienced a series of imprisonment. He died at the age of 38 while engaging in training mIlitary cadets at Shinhŭng military Academy, He was known for his elusive movements.

「신흥무관학교」에서 독립군을 양성할 당시의 우재(又齋) 이시영(李始榮) 선생. 선생은 우람한 체구에 의리와 정열에 넘쳤고, 포용력이 컸으며 서화에도 능했다.

Mr. Yi with a dignified figure was a man of justice and passion and good at handwriting.

우재 이시영 선생의 유묵.

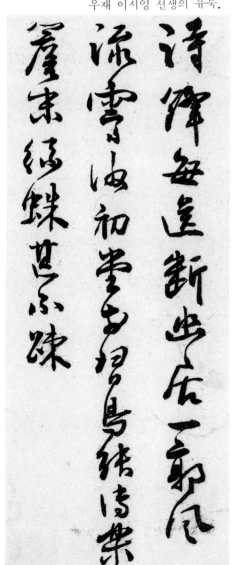

16세의 소년 열사 윤택진

Yun, Taekjin(1904-1920), boy hero, died in prison at Chŏngju, Pyŏnganbukdo province at the age of 16 as Miss Yu, Kwansun. He read the Independence Declaration before the audience of hundreds, and led the anti- -Jap demonstrators on behalf of the adults who were nabbed at his house while preparing Taegŭkgi, on national flags.

소년 열사 윤택진(尹擇振, 1904~1920)은 유관순(柳寬順) 과 같은 나이로 평북 정주 「오산학교」 재학중 3·1운동에 앞장섰다가 옥중 순국했다. 3·1운동을 며칠 앞두고 자기 집에서 동네 어른들과 태극기를 만들며 준비중 어른들이 일본헌병대에 체포되자 16세 소년의 몸으로 3월 1일 정각 12시를 기해 마을 교회당에 모인 수백 군중 앞에서 독립선 언서를 낭독하고 시위를 지휘하고 일본헌병대와 면사무소 를 습격 점령하여 태극기를 휘날렸으나 일본군에 피체, 1 년 5개월 만인 1920년 9월 15일 옥중 순국했다.

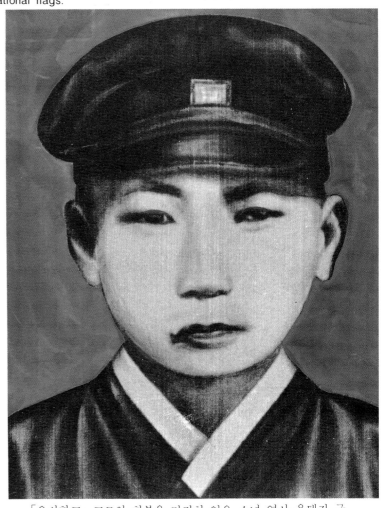

윤택진 소년 열사가 다니던 당시의 정주 「오산학교」 전경.
Whole view of Osan School at Chŏngju he attended.

「오산학교」 교모와 한복을 단정히 입은 소년 열사 윤택진 군.
Yun in school cap and Korean costume.

Articles on March 1 movements.
3·1운동 당시의 각 지방 만세시위 속보.

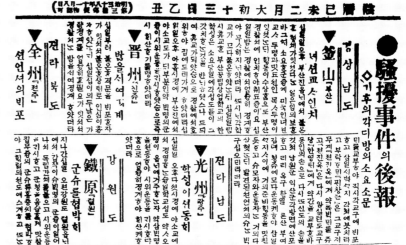

인류 항쟁사의 불멸의 빛—평화적 항쟁을

Imperishable lights for human resistance against dictatorship—33 Patriots declaring peaceful struggle.

Kil, sŏnju(1869-1935)
Na, Yonghwan(1863-1936)
Yi, Jonghun(1856-1935)
O, Sechang(1864-1953)

Yi, Pilju(1869-1932)
Na, Inhyŏp(1871-1951)
Yi, Jongil(1858-1925)
O, Hwayŏng(1880-P)

Paek, Yongsŏng(1865-1940)
Yang, Jŏnbaek(1869-1933)
Im, Yehwan(1865-1949)
Chŏng, Chunsu(1875-1951)

Kim, Wankyu(1877-1949)
Yang, Hanmuk(1862-1919)
Pak, Junsŭng(1866-1921)
Choe, Sŏngmo(1873-1936)

길선주(吉善宙 1869-1935)

이필주(李弼柱 1869-1932)

백용성(白龍成 1865-1940)

김완규(金完圭 1877-1949)

나용환(羅龍煥 1863-1936)

나인협(羅仁協 1871-1951)

양전백(梁甸伯 1869-1933)

양한묵(梁漢黙 1862-1919)

이종훈(李鍾勳 1856-1935)

이종일(李鍾一 1858-1925)

임예환(林禮煥 1865-1949)

박준승(朴準承 1866-1921)

오세창(吳世昌 1864-1953)

오화영(吳華英 1880- ?)

정춘수(鄭春洙 1875-1951)

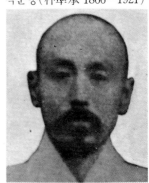

최성모(崔聖模 1873-1936)

선언한 민족대표 33인

Son, Byŏnghŭi(1861-1922)
Kwŏn, Byŏngdŏk(1868-1944)
Yi, Sŭnghun(1864-1930)
Shin, Sŏkgu((1875-1950)
Hong, Gijo(1865-1938)

Kim, Byŏngjo(1876-1947)
Yu, Yŏdae(1878-1937)
Pak, hŭido(1889-1951)
Chŏe, Rin(1878-?)

Kim, Ch̆angjun(1889-?)
Yi, Gapsŏng(1888-1981)
Pak, Dongwan(1885-1941)
Han, Yongun(1879- 1944)

Kwŏn, Dongjin(1861-1947)
Yi, Myŏngyong(1873-1956)
Shin, Hongshik(1872-1937)
Hong, Byŏnggi(1874-1949)

손병희(孫秉熙 1861—1922)

김병조(金秉祚 1876—1947)

김창준(金昌俊 1889— ?)

권동진(權東鎭 1861—1947)

권병덕(權秉悳 1868—1944)

유여대(劉如大 1878—1937)

이갑성(李甲成 1888—1981)

이명룡(李明龍 1873—1956)

이승훈(李昇薰 1864—1930)

박희도(朴熙道 1889—1951)

박동완(朴東完 1885—1941)

신홍식(申洪植 1872—1937)

신석구(申錫九 1875—1950)

최 린(崔 麟 1878— ?)

한용운(韓龍雲 1879—1944)

홍병기(洪秉箕 1874—1949)

홍기조(洪基兆 1865—1938)

민족의 지도자 33인의 대표 손병희 선생

National Leader, Representative of 33, Son, Byŏnghūi

Son, Byŏnghūi(1861-1922), entering the faith of Tonghak order in his youth, fought against the government troops leading 100,000 believers in 'Tonghak Revolution' in 1894, which

손병희(孫秉熙, 1861~1922) 선생은 일찌기 동학에 입교, 1894년 「동학혁명」 당시 충청도와 경상도의 10만 신도를 규합하여 관군과 싸웠으며 피신중 1897년에 동학의 제3대 교주가 되었고, 1901년 일본으로 망명, 세계 정세를 예리하게 살피고 1907년 귀국, 「천도교」로 개칭하여 교세 확장을 힘쓰던 중 1919년 기독교·불교 대표들과 협의 「독립선언서」 33인의 대표가 되어 항일민족독립운동에 앞장섰다. 옥고를 치르다가 병보석으로 나와 상춘원에서 요양중 1922년 5월 19일 순국했다.

touched off a full-scale war between China and Japan in 1894-95. In 1897, he became the highest priest of the order and upon returning from Japan in 1907 he renamed the order as Chŏndokyo. Then as the representative of all religious orders of Korea including Christianity and Buddhism, he led the mar. 1 Independence Movement.

Mr. Son, Byŏnghūi in his middle age. 중년시절의 손병희 선생.

1905년 일본에서 동지들과 함께. 앞줄 왼쪽부터 조의문(趙義聞)·권동진(權東鎭)·손병희·오세창(吳世昌) 선생. 뒷줄 왼쪽부터 양한묵(梁漢黙)·이진호(李軫鎬)·최정덕(崔廷德) 선생.
Picture taken with his colleagues when he lived in exile in Japan.

당당한 주장을 편 민족

-196-

「독립은 민족의 자존심」 한용운 선생

"Independence is the national pride"—Han, Yongun.

He died at the villa, Shimujang.

성북골에 북향으로 지은 심우장(尋牛莊). 이 집에서 한용운 선생은 운명했다.

만해(萬海) 한용운(韓龍雲, 1879~1944) 선생은 3·1운동에 불교 대표로 참가, 법정에서는 누구보다도 강경하고 이론 정연하게 민족의 자주독립의 당위성을 설파했다.

Han, Youngun(1879—1944) participated in the Mar. 1 Independence Movement as the representative of Buddhists in Korea and elucidated logically the right-eousness of national self-determined independence.

獨立은 民族의 自尊心

「독립은 남을 배척함이 아니라」

고엄격한 한용운의 독립의 변

韓龍雲

한용운 선생의 법정심문 내용의 기사.

Fair explanation by 33 representatives at Japcourt

대표 33인의 법정 답변

梁甸伯

「獨立은 當然之事」

「일본이 「쳌크」민족에 대한대도 를 보아도 조선독립은 당연한일」

吳世昌

「人類의 良心에 呼訴」

吳華英

今日의 大公判

만인의 시선이 모히는곳에 당국의 처치는 엇더할지

어린 딸을 잃은 어머니

A mother who lost her young daughter.

A miserable woman whose daughter was murdered by
Japanese soldiers in Mar. 1 Independence Movement.

3·1운동 당시 일본군에게 어린 딸을 학살당한 어머니의 처
절한 모습(F. A 메켄지 촬영).

1920년 8월 13일 「동아일보」에 게재된 「독립선언 사건」 법정 법관(일본인)들의 회화와 애국투사들의 법정 발언.

An article in Tong-a Ilbo referring to argument be-
tween Japanese judge and Patriots.

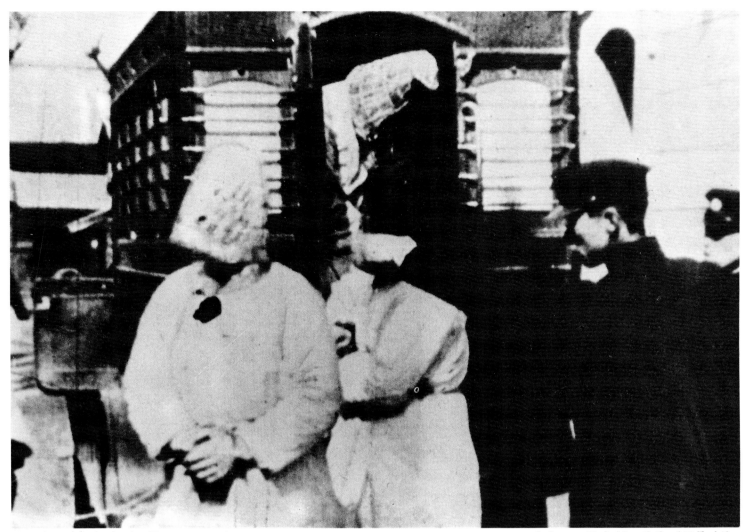

Patriots being taken to the court.

법정으로 끌려가는 항일 애국투사들.

獨立宣言式의 光景

『기뿌다!』더욱힘쓰라!』하는
한룡운연셜끗해『독립만세!』

林禮煥

텬도교 도사는 언의어느쌔부
터되엿왓나
딸년되엿쏘

羅仁協

텬도교 도사는 어느쌔부터

洪基兆

텬도교의 도사는어느쌔부터

羅龍煥

洪秉箕

吳華英

3·1운동과 재미교포

Mar. 1 Independence Movement and Korean residents in U.S.

1918년 11월, 제1차 세계대전이 종식되자 미국의 윌슨대통령은 14개조의 강화 (講和) 조건을 발표하였는데 이 속에 「민족자결주의」주창이 들어 있었다. 누구 보다도 먼저 미주(美洲)의 한국교포들은 윌슨의 이 「민족자결주의」에 고무되어 파리 강화회의에 한국독립을 호소코자 이승만(李承晩)·민찬호(閔瓚鎬)·정한경 (鄭翰景) 3인을 한국민족대표로 파견키로 하고 독립운동자금으로 30만 원의 거 액을 모금했다. 이 소식이 일본 도쿄에서 발간되는 영자신문 〈재팬 애드버타이 서〉(1918년 12월 1일)와 〈아사히신문(朝日新聞)〉(1918년 12월 15일)에 보도 됨으로써 일본 한국유학생들은 일대 충격을 받아 1919년 2월 8일의 「독립선언」 에까지 파급되었고, 국내에까지 알려져 마침내 3·1운동이 터졌었다.

1919년 2월 1일, 미주의 이승만·정한경은 「대한인국민회 중앙총회」 임시위원 회 명의로 미국 윌슨대통령에게 ① 열강은 한국을 일본학정하에서 구출할 것 ② 열강은 장차 한국의 완전 독립을 보증할 것 ③ 한국을 당분간 「국제연맹」통치 하에 둘 것을 요구하는 청원서를 제출했다(이 청원서의 제3항은 후일 임시정부 의 분규의 씨가 되고 이로 인하여 임정의 대통령 이승만 박사는 탄핵을 받아 면 직되었다).

국내에서 3월 1일 전국적인 독립운동이 발발하고 국내에서 조직된 「한성임시 정부」와 상해에서 선포된 「임시정부」에서 각각 최고 책임자인 집정관총재와 국 무총리로 추대된 이승만 박사는 즉각 워싱턴에 「구미위원부」를 설치하고 위원 장이 되어 대통령의 직무를 수행하며 미주의 한국독립운동을 주도하며 「독립국 채」를 발행하는 등 활발한 움직임을 보였다.

While relentless Japanese oppression roused strong anti-japanese senti-
ments among the Koreans, U. S. President Woodrow Wilson's enunciatoin of
'national self-determination' for suppressed peoples through-out the world
encouraged the Koreans, especially Koreans residing in U. S. They decided
to dispatch three representatives in-cluding Rhee, Syngman to the Interna-
tional Peace Conference to appeal Korean independence. At the same
time, Korean students in Japan was deeply shocked by the news and this
became a momentum for stirring up sentiments leading to the 'Declaration
of Independence' on Feb. 8. 1919, and then finally, the historical Mar. 1
Independence. Movement.

1919년 4월 14일, 미국 본토, 하와이, 멕시코 등지의 한국인 교 포들은 필라델피아에 있는 미국독립기념관에서 「한인대회(韓 人大會)」를 열고 임시대통령에 이승만 박사를 추대했다.

1919년 4월 14일, 필라델피아의 미국독립기념관 앞에서 「한인대회」를 개최하고 태극기를 앞세우고 시가행진을 했다(「한국독립동맹」이라는 영문 글자가 보인다).

Koreans parading in front of Independence Memorial Hall on Apr. 14, 1919.

1921년 11월 7일에 발행된 「대한독립운동비 제1차 의연금증서」.

◀ On Apr. 14, 1919, Korean residents in U.S, Hawaii, and Mexico gathered at the Independence Memorial Hall in Philadelphia to elect Rhee, Syngman as provisional president.

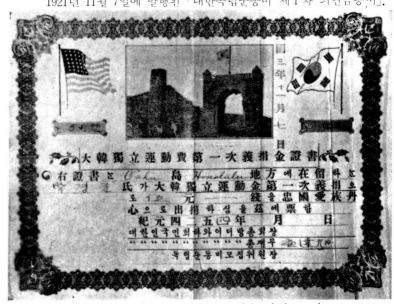

Certificate of subscription for raising independence movement fund issued on Nov. 7, 1921.

3·1운동에 호응하여 1919년 4월 12일 「대한인국민회」 하와
이지부에서도 독립선언식을 가졌다. 이승만 박사가 연설하
고 있다.
Picture taken at the Hawaiian Chapter of Kukminhoe,
Dr Rhee, Syngman is delivering a speech.

Copies of Independence Declaration and other pam-
phlets circulated in U. S. during the Mar. 1 Independ-
ence Movement.
3·1운동 당시 미주지역에 배포된 「독립선언서」 필사본과
각종 팜플렛.

3·1운동 이후 미주에서 미국 국경일이면 한인교포들이 태극기를 들고 가두행진을 했다.
On the occasions of American national holidays, Korean residents participated in parades with Korean flags.

1919년 4월 14일, 필라델피아의 미국독립기념관 앞에서 개최된 「한인대회」에 참석한 각 지역 대표들. 오른쪽이 이승만 박사.

Korean reprsentatives from respective regions in U. S. Hawaii and Mexico are entering the Memorial Independence Hall.

감옥에서 순국한 양한묵 선생

Yang, Hanmuk who died in prison for his motherland.
One of 33 participants in Mar. 1 Independence Movement
died in Sŏdaemun prison on May 26, 1919 as a patrotic
martyr.

양한묵(梁漢默, 1862~1919) 선생은 1902년 일본에서 손병희·권동진 오세창 제씨의 권유로 「동학」에 입교하고 「동학」산하의 구국민중운동단체 「진보회(進步會)」를 결성했으나 1905년 이용구(李容九) 등이 친일파로 변절하자 탈퇴, 1919년 3·1운동 때 민족대표 33인의 한 사람으로 피체, 서대문형무소에서 1919년 5월 26일 옥중 순국했다.

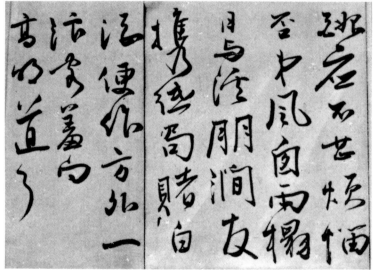

양한묵 선생의 유묵. Posthumous handwriting of Mr. Yang.

Mr. Yang in foreign clothes.   양복차림의 양한묵 선생.

항일 애국지사들로 가득 찼던 마포형무소 정문.   서대문형무소의 감방.

Entrance gate of Mapo prison filled with Anti-Japanese patriots.

Wards of sŏdaemun prison.

총독에 폭탄 던진 강우규 의사

Kang, Ukyu who threw a bomb at Governor General.
Kang infiltrated Seoul after he did many appalling acti-
vities abroad, and on returning threw a bomb at Saito,
newly appointed governor—General at Seoul Rail Sta-

강우규(姜宇奎, 1855~1920) 의사는 경술국치후 1911년 북
간도에 망명, 시베리아·연해주·길림성 등지를 돌아다니며
동포후진교육에 전념하다가 새로 부임하는 사이토오(齋藤
實) 조선총독을 암살키로 결심, 1919년 8월 5일 폭탄을 간
직하고 서울에 잠입, 9월 2일 서울역에 도착하여 마차
를 타려는 사이토오에게 폭탄을 던졌다. 그러나 37명
의 수행자들만 중경상을 입었다. 체포된 강우규 의사
는 1920년 11월 29일, 서대문형무소에서 형장의 이슬
로 순국했다.

tion. But Saito was survived by wounded members
(totalling up to 37) of his suite.

강우규 의사의 폭탄사건을 보도한 총독부 기관지〈매
일신보〉의 기사.

新總督에게 爆彈을 投下
去二日午後五時南大門驛頭의 不祥事
多幸히總督總監一行에게는 無事했다
新朝鮮統治의 主腦等
重輕傷者의 數가 三十名
◇有力한嫌疑者를即時捕縛되다◇
轟轟한 爆彈의 聲
爆彈

64세의 고령으로 부임하는 사이토오 총독에게 폭탄을
던진 강우규 의사.

Kang was 64 years old when he threw a bomb at
Saito.

Saito and his wife having a narrow escape from death
right after the bombing.

폭살을 면한 몇분 후의 사이토오 신임총독 부처.

Article of Maeil Shinbo, organ paper of Government-
General, reporting Kang's bombing incident.

대동단 단장 전협 선생의 영결

Chŏn, Hyŏp, leader of Taedongdan. He was captured while helping Uich'in, son of King Kojong flee to China in Nov, 1919, and died in prison for the independence of motherland.

「대동단(大同團)」 단장 전협(全協) 선생. 「대동단」총재 김가진(金嘉鎭) 선생과 극비리에 거사, 고종의 아들 의친왕(義親王)을 상해 임시정부로 탈출시켰으나 1919년 11월 만주 안동에서 일본 경찰에 체포되고 말았다. 김가진 선생은 상해로 탈출하고 전협 선생은 피체, 옥중에서 별세했다.

「옥중에서 동지들의 소식을 물으며 눈물을 흘린다」는 옥중의 전협씨 동정 기사.

Pyŏngyang prison packed with Anti-Japancese patriots in Mar. 1 Independence Movement.

3·1운동 당시 많은 애국투사들이 갇혔던 평양형무소.

1921년, 태평양회의에 보낸 독립청원서

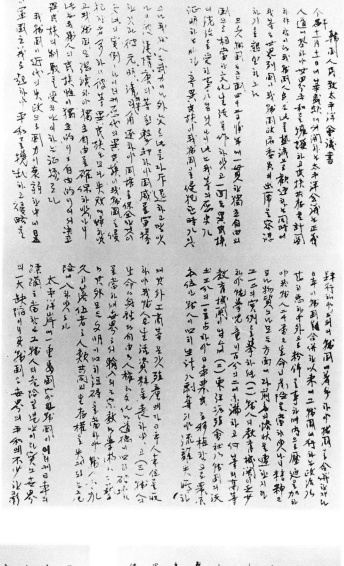

Proposition submitted to the Pacific Conference held in washington an Nov. 11, 1921 by organization of National Representatives (organized in Aug). Proposers were 118 members in all

1921년 11월 11일, 위싱턴에서 열린 태평양회의에 제출한 대한민족대표단(1921년 8월 조직) 건의서. 국민공회 대표 이상재 선생 등 118명의 각계 대표들이 서명했다.

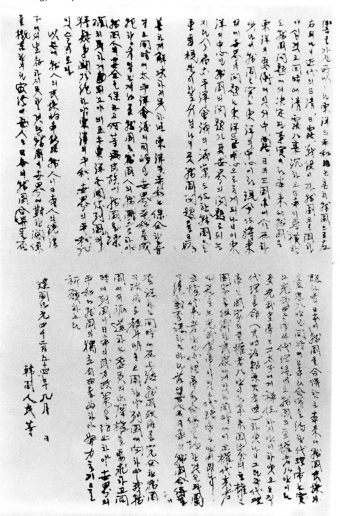

from every segment of the Korean community including Yi, Sangjae.

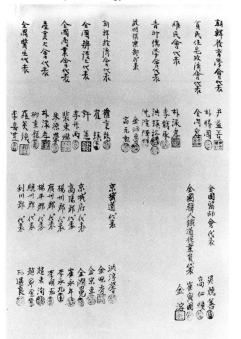

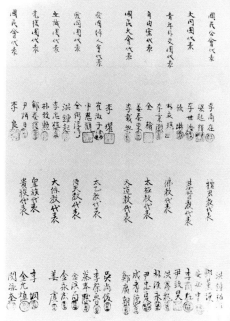

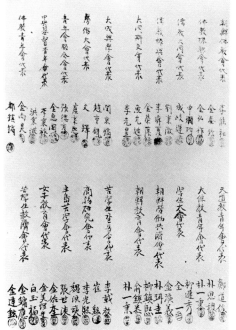

왜경들의 간담을 서늘케 한 김상옥 열사

Kim, Sangok who strike chill into Jappolice's heart.

김상옥(金相玉, 1890~1923) 의사는 기독교인으로 「동흥야학」을 설립하여 가난한 학생들을 가르쳤고 3·1운동이 일어나자 「혁신단」을 조직, 친일파 암살을 기도했으나 실패하고 상해로 망명했다. 상해에서 「의열단」에 가입하고 국내에 잠복, 독립자금을 모금하여 임시정부에 전달했으며 다시 1922년 12월 폭탄을 휴대하고 입국, 이듬해 1월 12일 서울 종로경찰서에 폭탄을 던졌으며 일경과 치열한 가두전을 벌여 일경 수십 명을 살상하고 친구집에 잠복중 무장경찰의 포위를 받자, 마지막 남은 1발로 자결 순국했다.

After a series of attempted assassination of Pro-Jap elements and exiling himself in Shanghai, he infiltrated home and threw a bomb into Chongno police station. And he killed and wounded tens of Jap police in street fightings. When surrounded finally by police while hiding at his friend's, he shot himself as a national martyr.

백주에 종로경찰서에 폭탄을 던진 김상옥 열사.
He threw a bomb into Chongno police station.

피체된 동지들. 왼쪽부터 신화수, 서병두, 정설교, 윤익중, 김한, 정우진, 이수혜 제 동지.

김상옥 열사 사건을 호외로 보도한 〈동아일보〉.

7 colleagues nabbed.

Extra of Tong-a Ilho reporting Kim's incident.

獨立運動 關係年表

■ 1864년

1. 3 고종, 창덕궁 인정전에서 즉위. 홍선
대원군, 국정을 총괄

3.25 李昇薰(평북 정주·62·대한민국장.
~1930. 5. 9) 출생

12. 張志淵(경북 상주·62·국민장.
~1921. 10) 출생

■ 1865년

4. 2 경복궁 중건 시작

■ 1866년

7.24 평양 관민, 미국 상선 셔먼호 격침.
영국인 선교사 토마스 등 살해됨 (셔
먼호사건)

10.28 徐載弼(전남 보성·77·대한민국장.
~1951) 출생

9.20 프랑스 동양함대사령관 로오즈, 군함
3척을 거느리고 경기도 남양주 앞바
다에 도착(병인양요 시작)

■ 1868년

1. 3 일본, 왕정복고 선포(명치유신 시작)

9.12 金躍淵(함북 종성·77·국민장.
~1942) 출생

洪範圖(평북 자성·62·대통령장.
~1943) 출생

12. 3 李始榮(서울·49·대한민국장.~1953.
4. 17) 출생

■ 1869년

2. 7 李東寧(충남 천원·62·대통령장.
~1940. 3. 13) 출생

■ 1870년

12. 7 李相卨(충북 진천·62·대통령장.
~1917. 3. 2) 출생

■ 1871년

4.23 주청 미국 공사 로우, 아시아함대 사
령관 로저스와 군함 5척을 이끌고 통
상요구차 남양만 풍도연안에 도착(신
미양요 시작)

6.12 대원군 전국 각지에 척화비를 세움

■ 1873년

12. 3 李東輝(함남 단천·~1935. 2. 16)출
생

12.24 고종, 친정을 선포(대원군 실각)

■ 1875년

盧伯麟(황해 풍천·62·대통령장.
~1926. 1. 22) 출생

3.26 李承晚(황해 평산·49·대한민국장.
~1965. 7. 19) 출생

9.20 강화도 수병, 초지원 앞바다에 출현한
일본 군함 운양호와 충돌. 운양호 퇴
각하며 영종진을 포격. 육전대를 상륙
시켜 소요(운양호사건)

12. 8 全德基(경기 양평·62·국민장.
~1914. 3. 23) 출생

■ 1876년

2.26 강화도에서 전권대신 申櫶, 일본 전권
黑田淸隆과 한·일수호통상조규(강화
도조약·병자수호조약) 조인

7.11 金九(황해 해주·62·대한민국장.
~6. 26) 출생

12.23 周時經(황해 평산·80·대통령장.
~1914. 7. 27) 출생

■ 1878년

6.23 金東三(경북 안동·62·대통령장.
~1937. 3. 3) 출생

11. 9 安昌浩(평남 강서·62·대한민국장.
~1938. 3. 10) 출생

■ 1879년

2. 3 申圭植(충북 청원·62·대통령장.
~1922. 9. 25) 출생

7.12 韓龍雲(충남 홍성·62·대통령장.
~1944. 5. 9) 출생

9. 2 安重根(황해 해주·62·대한민국장.
~1910. 3. 6) 출생

■ 1880년

申采浩(충남 대덕·62·대통령장.
~1936. 2. 21) 출생

■ 1881년

1.27 金奎植(부산 동래. ~1950) 출생

2.26 徐一(함북 경원·62·국민장. ~1921.
8. 27) 출생

■ 1882년

5.22 한·미수호통상조약 조인

6. 6 한·영수호조약 조인

6.30 한·독수호조약 조인

7.19 임오군란 터짐

8.30 제물포조약 조인

9.16 고종, 척화비를 철거케 함

■ 1884년

12. 4 갑신정변 터짐

■ 1885년

11. 7 청의 袁世凱, 주차조선총리교섭통상사
의로 부임

■ 1888년

池靑天(서울·62·대통령장. ~1959)

출생

■ 1889년

11.24 金佐鎭(충남 홍성·62·대한민국장.
~1929. 12. 25) 출생

吳東振(평북 의주·62·대한민국장.
~1944) 출생

■ 1891년

10.21 金性洙(전북 고창·62·대통령장.
~1952. 2. 18) 출생

■ 1892년

6. 9 申翼熙(경기 광주·62·대한민국장.
~1956. 5. 5) 출생

■ 1893년

4.25 동학교도 2만여 명, 충북 보은에 집결,
척왜척양의 기치 들고 성토

■ 1894년

2.15 전라도 고부군민, 全琫準의 영도 아
래 항쟁 일으킴(동학란)

4.26 동학교도 재봉기, 농민혁명으로 발전

6. 1 동학군, 전주성 입성

6. 5 청군 제독 葉志超, 청군 1,500명을 이
끌고 아산만 도착

6.12 일본혼성여단, 인천에 상륙(여단장 육
군소장 大島義昌, 보병 3,000명, 기
병 300명)

6.25 大島여단, 서울 도착, 만리창·아현동
부근에 주둔

6.26 일본공사 大鳥圭介, 왕에게 내정개혁
을 건의

6.27 국왕, 경복궁으로 옮김

6.28 국왕 내정개혁에 대한 의견을 청취(金
弘集은 적극 개혁 주장, 鄭範朝는 급
진적 개혁 반대)

7. 3 大鳥공사, 내정개혁안 5개조를 제시

7.10 내무독판 申正熙, 大鳥공사와 老人亭
에서 내정개혁안을 협의

7.16 일본공사에게 日兵의 철수를 요구하
고 개혁은 스스로 진행할 것임을 통
보

7.20 袁世凱 귀국

7.22 金炳始, 영의정에 임명됨

7.23 일본군, 경복궁 포위 점령하고 한국
군을 무장해제. 일본군의 압력으로 대
원군 입궐 국정 총재가 됨

7.25 일본공사의 강요로 한·청 통상 장정
의 철폐를 청에 통고

7.25 일본 군함, 풍도 앞바다에서 청국 군
함을 격침시킴

7.27 金弘集, 영의정에 임명됨. 군국기무
처 설치(갑오경장 시작)

7.29 大島여단, 성환을 점령, 청군 패주

7.30 大島여단, 아산을 점령

8. 1 청·일전쟁 정식으로 터짐

8. 6 일본에 망명했던 朴泳孝 귀국

8.15 제1차 金弘集 내각 성립

8.20 한·일 잠정합동조관 체결(경부·경인 철도부설 및 전국 연안의 1항구 개항 등)

8.26 한·일 공수동맹 체결(전쟁에 협력하여 일본군의 진퇴, 양식준비에 편의를 준다)

10. 1 동학당이 재차 봉기, 일병과 접전

10.26 신임 일본 공사 井上馨 부임

11.18 대원군 정계 은퇴 성명

12.28 全琫準, 순창에서 체포되어 서울로 압송

■ 1895년

1. 7 국왕, 대원군·종친·신하를 이끌고 홍범 14조와 독립세고문을 종묘에 고함

1.19 孫秉熙 휘하의 동학군 북접 주력부대 충주에서 완전 해산

3. 迎恩門을 파괴

3.20 李鴻章, 일본 下關에서 伊藤博文·陸奧宗光과 강화회담 시작

4.17 청·일 강화조약(下關조약)조인(조선의 독립승인, 일본에 요동반도·대만·팽호열도 할양, 배상금 2억냥 지불 등)

4.19 을미개혁 단행

4.23 소위 3국간섭 각서 제출

■ 1896년

4. 7 徐載弼, 한글·영문판 〈독립신문〉 창간(주 3회, 1898. 4 이후 尹致昊 계승, 1898. 7. 1부터 일간, 1899. 1 중순 폐간)

5.14 露·日협정(小村·웨베르 각서—국왕의 왕궁환어문제·전신선 및 거류지 보호를 위한 주둔군대 제한 등)

5.20 러시아 니콜라이 2세 황제 대관식에 참석한 閔泳煥, 러시아 외상 로바노프와 회담(경제·군사원조 등 5개 조항 협약)

5.31 일본공사 小村壽太郎 귀국, 加藤增雄이 대리함

7. 2 徐載弼·尹致昊 등 30명 독립협회를 결성(제1기~1897.8.28, 고급관리 주도기)

7. 7 신임 일본공사 原敬 부임(10. 4 해임되고 加藤增雄이 대리공사가 됨)

11.21 영은문 자리에 독립문 정초식 거행(러시아 기사 G. 사바틴 설계, 1897.11. 20 준공)

■ 1897년

2.20 국왕, 러시아공관으로부터 경운궁(덕수궁)으로 환궁

5.23 독립협회, 모화관을 개수하여 협회사무실로 사용(독립관)

7. 3 일본의 강압으로 목포와 진남포를 개방키로 결정(10. 1 개항)

7.17 미국 대리공사 알렌, 공사로 승진됨

8.29 독립협회 제2기(~1898. 2. 26. 민중진출기)

9. 2 신임 러시아공사 스페이에르 부임

9. 6 러시아 군인 14명을 군사고문으로 하여 신규 군대를 편성

9.15 전주한 러시아공사 K.I. 웨베르 귀국

10. 2 독립협회에 대항하기 위해 負商廳(상무사) 부설

10.12 황제 즉위식을 圓丘壇에서 거행하고 국호를 대한제국으로 고침

■ 1898년

2.22 흥선 대원군 죽음(1820~)

2.27 독립협회 제3기(~1898. 8. 27, 만민공동회 개최 및 구국선언 상소로 자주독립, 민권신장, 내정개혁에 의한 자강의 민족운동을 전개)

3. 2 독립협회 李承晩·梁弘黙 등 〈경성신문〉 창간(주2회, 4. 6. 〈대한황성신문〉으로 개제)

3.22 閔泳綺, 경무사에 임명됨(독립협회를 탄압한 수구파 인물)

5.15 徐載弼, 미국으로 돌아감

5.26 일본의 강요로 성진·군산·마산 등 개항하고 평양을 개시

7.21 동학 제2세 교주 崔時亨 처형

8.28 독립협회 제4기(~1898. 12. 30, 혁명적인 대안을 제시하며 싸운 민중 투쟁기)

10.29 독립협회 관민합작 만민공동회를 개최하고 헌의 6조를 상주(각료 다수가 참석한 최초의 신분계급을 망라한 관민협상)

11. 7 독립협회 회원 李商在·鄭喬·南宮檍 등 17명 검거됨(尹致昊는 피신)

12. 6 독립협회, 종로에서 임시대회를 열고 황국협회와 沈相薰·閔泳綺의 재등용을 규탄

12.30 독립협회 해산

■ 1904년

1.21 청국, 엄정중립을 선언

1.22 정부, 러시아·일본 개전에 엄정중립을 선언. 중국 芝罘에 있던 밀사 李學均, 이를 각국 정부에 통고

2. 6 일본 小村외상, 로젠 주일 러시아공사에게 교섭 타파를 통고

2. 6 러시아, 동원령 포고

2. 6 일군, 창원·부산 전보사 점령(이후 대구·진주 전보사도 점령)

2. 8 일군 인천 앞바다에서 러시아 함선 2척 격파

2. 8 일본 육군, 인천·남양·군산·원산에 상륙 개시

2. 9 일본 林공사, 러시아공사 A.파블로프에게 철수 통고(2. 12 철수)

2. 9 정부의 중립선언을 무시하고 일군 서울에 진주

2.16 일본, 한·일의정서 초안을 李址鎔에게 전달(2. 22 반대한 李容翊 대신을 일본으로 압송)

2.21 러시아 육상 크로포트킨, 만주육군총사령관에 임명

2.23 李址鎔·林權助 사이에 한일의정서 조인(일본군의 한국내 군략 요지 수용을 인정)

3.17 일본 추밀원의장 伊藤博文, 특파대사로 내한(~3. 26)

3.21 일군 주력 제1군, 진남포에 상륙

4. 3 일본, 한국에 주차사령부 설치

4. 미국공사 알렌, 미국의 한국문제 개입을 국무성에 요청했으나 거부됨

5.18 정부, 한국·러시아 조약을 파기선언

7.16 영국인 베델·梁起鐸, 〈대한매일신보〉 창간(~1910)

7.20 일본, 군사 경찰령에 의하여 한국의 치안을 일군이 담당한다고 통고

8. 6 李承晩, 특사로 출옥함(11. 4 도미)

8.16 李容九, 동학교도파들과 진보회 조직

8.18 宋秉畯, 尹炳始 등과 친일단체 유신회 조직(8. 20「일진회」개칭)

8.22 尹致昊·林權助 사이에 제1차 한·일협약 조인(고문정치 : 일본이 추천하는 재무·외교 고문을 채용, 외국과의 조약체결·특허 부여에는 일본과 사전협의)

9.11 대한협동단 발족(회장 李相卨·부회장 李儁·총무 鄭雲復·평의장 李商在·서무부장 李東輝·편집부장 李承晩·지방부장 梁起鐸·재무부장 許蔿 등 선임. 뒷날 민족운동의 인적 관계 엿보임)

10.12 일본 육군대장 長谷川好道, 한국주차 군사령관으로 부임

10.15 일본 대장성 주무국장 目賀田種太郎을 탁지부 고문으로 용빙(재정·화폐 정리에 착수)

12. 4 일진회장 尹始炳과 진보회장 李容九, 양회 통합을 성명(一進會)

■ 1905년

1.31 일본 제1은행, 한국정부와 국고금취급 및 화폐정리사무 취급에 관한 계약을 체결. 제1은행 경성지점을 한국의 중앙은행으로서 7. 1 개업)

3. 6 멕시코 이민 1,033명 인천 출발

3.11 일군 25명 왕궁을 수비

3.22 崔益鉉, 일본 침략의 위험을 상소하다가 일본헌병에 체포됨

3. 미국공사 알렌 경질, 신임공사에 몰간

4. 1 일본과 통신기관 위탁에 관한 협정서 조인(통신원의 국내우편·전신·전화 사업을 일본에 위임. 통신권 박탈)

4. 5 주청 한국공사관 철수(5월 주영, 7월 주미, 12월 주일공사관을 각각 철수)

4.13 친위대를 폐지, 군대수 반으로 축소.

5.12 주영공사서리 李漢應, 한국의 국제적 위치를 개탄, 런던에서 자결(1874~)

7. 6 고종의 특사 李承晩·尹炳求, 루즈벨트 대통령에게 독립 청원서 전달

9. 5 러·일강화조약(포츠머드조약) 조인(일본, 한국보호권, 남화태·요동 조차권·남만주 철도 등 획득)

11. 3 일진회, 외교권의 대일위탁을 주장

11. 9 일본 특명전권 대신 伊藤博文 보호조약 강행차 내한

11.15 한·일협약안을 황제에게 제출

11.16 외부대신 朴齊純에게 협약 체결 강요

11.17 제2차 한·일협약(을사보호조약)조인(통감 정치 실시, 외교권 박탈, 보호국화) 張志淵, 〈황성신문〉에 「是日也放聲大哭」을 발표

11.18 군중, 대한문 앞에 쇄도, 조약파기 주장(전상가 철시)

11.18 5적암살을 기도하던 奇山度 등 체포

11.19 참정 李相卨 적신의 주살을 상소 (이후 유생들의 상소 계속됨)

11.20 참정대신 韓圭卨, 한일협약의 폐기를 상소

11.26 고종, 황실고문 H.B. 헐버트에게 을사조약의 무효를 만방에 선포토록 지령

11.28 전참판 洪萬植 음독 자살(1842~)

11.30 시종무관 閔泳煥 자결(1861~)

11. 전 의정 趙秉世, 百官을 거느리고 을사조약을 폐기와 5적의 처단을 상소

11. 의병항쟁, 각지에서 발발

12. 1 전 의정 趙秉世, 전 참판 李命宰 자결

12. 1 孫秉熙, 동학을 天道敎로 개칭

12.21 일본 정부, 통감부 및 이사청관제 공포(서울에 통감부, 지방에 이사청 설치, 통감은 천황에 직속) 초대 통감에 伊藤博文 임명

12.30 전 대사헌 宋秉璿 음독자살(1836~)

■ 1906년

1. 5 孫秉熙, 일본에서 망명 5년 만에 귀국

2. 1 통감부와 이사청 개청(임시통감 대리에 長谷川好道 주차군 사령관, 통감부는 전 외부청사, 이사청은 각지의 일본 영사관 자리를 사용)

2. 9 주한 일본 헌병대, 행정·사법·경찰권을 장악

2. 프랑스 공법학자 레이, 잡지 〈국제공법〉에 을사조약의 무효를 주장하는 논문 발표

3. 2 초대 통감 伊藤博文 부임

3.16 전 참판 閔宗植(여주·62·대통령장) 등 홍천에서 의병을 기병, 일경과 접전(11. 20. 공주 탑산에서 피체)

3. 전 충추원의관 鄭煥直(영천·63·대통령장) 등 고종의 밀지를 받아 경주에서 일경과 접전(12. 11. 피체 총살당함)

4.17 통감부, 언론 규제를 목적으로 한 보안규칙 공포(5. 1 시행)

4.18 李相卨, 李東寧과 같이 망명(상해·블라디보스톡을 거쳐 북간도 용정으로 감)

4. 러시아 황제 니콜라이 2세, 제2회 헤이그 만국 평화회의 초청장 보내옴

5.19 閔宗植의 1,100여 의병, 홍주성을 점령(5.31 퇴각)

6. 4 崔益鉉(포천·62·대한민국장)·林炳瓚(옥구·62·국민장) 등 전북 태인에서 기병하여 정읍·곡성·순창으로 진출(6. 12 최익현·임병찬, 순창에서 피체, 8. 12 대마도로 유배, 12. 30 최익현 단식 순국)

6.27 申乭石(영덕·62·대통령장), 경북 평해에서 기병(~1908)

8. 李相卨, 북간도 용정에 瑞甸書塾 건립(~1년간, 근대적 항일 민족 교육의 요람)

9. 4 전 평해 군수 姜在天, 임실에서 기병

9.17 천도교 교주 孫秉熙, 李容九 이하 62명을 축출

10.26 李甲 등, 西友學會 조직

10.29 李儁·李東輝 등, 韓北興學會 조직

10. 예안·삼척·봉화·영월·영양 등지에서 의병 봉기

11. 최초로 호구조사 실시(233만 87호, 978만 1,671명)

■ 1907년

1.29 徐相敦·金光濟 등 대구에서 국채 보상운동 발기(국채 1,300만원 보상운동 시작, 民議所 설립)

2.22 서울에 국채 상환 기성회 조직

2.25 羅寅永·吳基鎬(전남 광주·63·국민장)·李鴻來(춘성·63·국민장)등 5적 암살단, 5적 대신을 노상에서 습격했으나 미수에 그침(7. 3. 관련자 30명에 실형 선고)

2. 安昌浩, 일본을 거쳐 귀국

4. 1 서울에서 국채보상연합회의소 조직(梁起鐸이 주재, 231만원 모금)

4.20 고종, 헤이그 제2차 만국평화회의에 파견할 사절 李相卨·李儁·李瑋鍾의 위임장과 러시아황제 및 만국평화회의에 보내는 친서 작성 파견

5. 8 헐버트, 고종의 밀지를 받고 헤이그 특사를 돕기 위해 출국

5.21 李相卨과 李儁, 블라디보스톡서 합류

5.22 李完用 내각 성립(총리 李完用·내부 任善準·군부 李秉武·학부 李戴崑·탁지부 閔泳綺·법무 李夏榮·농공상부 宋秉畯)

6.24 李相卨·李儁·李瑋鍾, 헤이그 도착

6.27 제2회 만국평화회의에 控告詞 제출(한말 외교의 역사적 문서)

7. 5 일진회 고문 內田良平, 宋秉畯·李容九를 초치하여 고종 폐위를 논의

7. 6 李完用 내각, 어전회의를 열고 밀사 사건의 사후책 논의(제1차회의 宋秉畯, 고종의 양위를 주장)

7.12 일본의 桂太郎내각, 통감에게 대한 강경책을 훈령

7.14 李儁(북청·62·대한민국장), 헤이그에서 憤死(1858~)

7.17 李完用·宋秉畯 등 전각료, 어전회의에서 고종 양위를 강권(제2차 어전회의, 송병준의 강요)

7.18 고종 林董외상, 신협약 강행차 내한 고종을 알현하고 책임 추궁

7.18 李完用내각, 전원 고종 양위를 강권(제3차 어전회의, 송병준의 강요)

7.18 대한자강회·동우회·기독청년회원등 2천여 명 대한문 앞에서 양위 반대 시위(상가 철시)

7.19 李相卨(진천·62·대통령장), 李瑋鍾(서울·62·대통령장)·尹炳求·헐버트를 대동하고 프랑스·독일·미국·러시아 등을 직접 방문하기 위해 헤이그 출발

7.20 고종 양위식 중화전에서 오전 8시 거행(유생·학생 등 수천 명, 고종 양위에 항의, 일경과 충돌)

7.20 시민들, 李完用 집에 방화, 李秉武집을 습격

7.22 양위를 반대 朴泳孝·李道宰·南廷哲·魚潭·李甲 등, 전 각료 주살계획 및 무장봉기를 계획하다 발각, 경찰에 구속

7.22 李址鎔·李根澤의 별장에 방화

7.24 한·일신협약(정미7조약) 조인 (차관 정치 시작, 사법권의 위임, 군대해산 등 규정)

7.24 신문지법(광무신문지법) 제정시행(언론 탄압)

7.27 보안법 공포 시행(경찰로 하여금 집회·결사·언론의 자유 구속)

7.31 군대해산소칙 발표

8. 1 훈련원에서 군대 해산식 거행(시위 1연대 1대대장 朴昇煥(남원·62·대통령장) 자결, 일부 시위대 서소문동 일대에서 일군과 치열한 접전)

8. 1 종래의 일군 제 13사단은 서울에, 새로 상륙한 제 12사단은 부산·대구·인천에 주둔

8. 4 曺仁煥(양평·62·국민장)·權仁京 등의 의병, 경기도 양근을 점령

8. 5 원주 진위대 특무정교(특무상사) 閔肯鎬(원주·62·대통령장)·金德濟(서울·62·국민장) 등 장병 250명 봉기, 원주 점령(8. 6 충주수비대의 일병을 격퇴, 8. 7 충주 공격, 8. 10원주 철수 각지로 분산)

8. 9 강화 진위대 장병 봉기, 주민들에게 무기를 분배하고 일경 사살후 강화도 장악(8.11 일군의 공격으로 황해도로 건너가 의병 활동)

8. 9 친일정부의 궐석재판에서 李相卨은 사형, 李儁·李瑋鍾은 종신징역 선고

8.14 원주 閔肯鎬의 의병, 홍천읍 점령. 동해안에 진출한 金德濟의 의군 평창 진부 점령

8.27 순종황제, 덕수궁에서 즉위

8. 李範允(서울·62·대통령장), 북간도에서 기병

9. 3 李康季(문경·62·대한민국장) 이하 의병 600여명과 申乭石 이하 의병300여 명, 문경을 습격하고 항전

9.10 의병장 奇三衍(장성·62·국민장)의 의병, 장성읍 습격(1908. 1. 2 총살 순국)

9.21 曾彌荒助, 부통감에 임명됨

9. 許蔿, 경기도에서 해산군인들을 수습하여 金奎植(경기·63·국민장)·延基羽(경기·62·대통령장) 등과 기병

9. 항일비밀결사 신민회 조직(중앙책 梁起鐸·총서기 李東寧·재무책 全德基·집행원 安昌浩 그밖에 李昇薰·李甲·李東輝·盧伯麟·柳東說·李始榮·金九·崔光玉·李會榮·呂準·安泰國·申采浩 등)

10.29 재한국 일본경찰을 한국 경찰에 임명

10. 한국주차헌병대장 明石元二郎 부임

10. 10월중 의병과 일병 충돌117회, 일본 기마병 1개연대(4개 중대) 증파됨

11.16 車道善(북청·62·국민장), 민중을 이끌고 북청의 일진회원을 살해(함경도 의병 시작)

11.13 車道善·洪範圖(평북 자성·62·대통령장)·宋相鳳 등 산포대를 이끌고 북청의 후치령에서 일군 宮部부대를 섬멸

11. 11월중 의병과 일군과의 충돌 265회

12. 5 황태자 李垠, 유학이란 명목으로 강제로 도일(1908. 4. 1 학습원 입학)

12. 6 각지 의병장 許蔿·李康年·閔肯鎬·李麟榮 등 양주에서 13도창의군(6,600명)을 결성 총대장 李麟榮(여주·62·대통령장)·군사장 許蔿(선산·62·대한민국장)

12. 鄭煥直·鄭鏞基 부자 의병 청송·청하 등지에서 일병과 충돌, 일병 수명을 사살, 무기 수백정 탈취하고 鄭鏞基(영천·62·국민장) 전사

12.11 鄭煥直(영천·62·대통령장)일군에 피체 영천에서 총살

■ 1908년

1.25 내각, 훈령·보고문은 일문으로 작성키로 결정

1.29 의병장 閔肯鎬(원주·62·대통령장),

치악산 전투에서 전사

1. 의병장 許蔿, 결사대 3백을 이끌고 동대문 밖 30리까지 진격

1. 1월중 의병과 일군의 충돌 262회

2. 2월중 의병과 일군의 충돌 211회

3.23 田明雲(평양·62·대통령장)·張仁煥(선천·62·대통령장), 샌프란시스코에서 일본의 한국 통치를 찬양한 외교고문 스티븐스를 암살

3. 3월중 의병과 일군의 충돌 288회

4.16 13도 총도독 金秀敏(경기 장단·62·국민장)의 의병, 장단의 일본헌병대 습격

4.25 의병장 金泰元(나주·62·국민장), 나주에서 전사 순국

4. 4월중 의병과 일군의 충돌 240회

5. 4 국경의 일본수비대, 간도 의병장 李範允의 의병 진공에 대비하여 병력증강

5.24 의병장 許蔿(선산·62·대한민국장), 경기 연천에서 일본 헌병대에 체포(10.21 교수형으로 순국)

6. 8 삼남 의병도대장 金東臣(장수·77·국민장), 고향 회덕에서 병 치료중 피체

12.28 동양척식주식회사 설립(일본 자금 1천만 엔, 총재 宇佐川一成, 부총재 閔泳綺, 이로부터 일인 이민 더욱 활발해짐)

12.31 재한 일본인 126,168명(상인 47,398명)

12. 1년간 의병활동 상황(참가인원 82,763명, 교전회수 1,976)

■ 1909년

1. 7 순종, 伊藤博文과 지방순행시작(~2. 8)

1.27 순종, 서북지방 순행중 평양 도착

2. 1 李相卨, 미주의 공립협회와 하와이의 합성협회를 통합하여 국민회(회장 鄭在寬)조직케 하다(4.22 국민회 제1차 이사회에 鄭在寬·崔正益·朱鍾浩 등과 참석후 국민회 鄭在寬 회장과 같이 연해주 블라디보스톡으로 출발)

2. 9 宋秉畯, 귀국하는 伊藤을 따라 도일

2.27 의병장 李殷瓚(원주·62·대통령장)의 의병 300명, 양주군에서 일본 군경과 교전(3. 31 용산에서 피체, 6.16 사형집행 순국)

2. 沈南一(함평·62·국민장)·全海山(임실·62·대통령장)의 의병 200명 영산포 등지에서 궐기

2. 함북 의병장 洪範圖, 만주로 감

2. 宋秉畯, 일본의 山縣有朋·桂太郎수상 寺內正毅 육상에게 합방론을 제출

2. 함북 의병장 洪範圖, 만주로 잠입

4.10 일본 桂太郎수상·小村壽太郎외상·통감 伊藤博文, 한·일합방 시행방침을

밀의(이른바 靈南坂密議)

4. 文泰秀(원주·62·대통령장), 의병 500여 명을 이끌고 경북 일대에서 활약

5. 8 의병장 朴春實(장수·77·국민장), 전북 문성에서 피체

6.11 의병장 金元局(전남 광주·63·국민장), 광주에서 피체

6.15 부통감 曾彌荒助, 통감에 임명(伊藤은 일본 추밀원의장에 취임)

7.12 사법 및 감옥사무를 일본에 위임하는 각서(을유각서) 조인(사법권 박탈)

7.27 한국은행조례 공포

7.29 전국의 의병, 약 5만명으로 집계

7.31 군부 및 무관학교 폐지

8. 4 전무관학교 생도 44명을 일본 육사와 유년학교에 입학시키기로 결정(9.3출발, 이들 중에 池青天·李應俊·劉升烈·洪思翊)

9. 4 간도에 관한 청·일협약 조인(두만강이 국경임을 확인, 이로써 간도는 청에 귀속)

9. 9 의병장 鄭用大(경북 영천·62·국민장) 파주·양주 일대에서 활동하다 피체

9.21 의병장 姜基東(서울·62·대통령장), 양평에서 일병과 교전

10.26 安重根, 러시아 장상 코코프체프와 회담하기 위해 하얼삔에 도착한 伊藤博文(1841~)을 사살하고 피체

10.29 한국은행 설립(자본금 1천만 원, 한국 정부 출자 3백만 원, 총재 市原盛宏)

10.29 의병장 文泰洙(원주·63·대통령장)의 의병 1백여 명, 경부선 이원역을 파괴

10.29 일군, 전남 의병 진압전과 발표(사살 374명, 포로 1,055명)

10.30 李甲, 평양에서 상경중 개성 역에서 安重根 사건 혐의로 피체(李東輝·李鍾浩 등은 경무총감부에 구금)

10.31 의병장 全海山(임실·62·대통령장), 나주에서 체포

11.17 安重根, 옥중에서 伊藤 사살에 관한 「잠간장」을 일본 신문에 발표

12. 3 일진회, 비상임시총회를 열고 한·일합방 건의성명을 채택

12. 3 일진회에 대항 각 단체에서 반대운동을 전개

12. 4 일진회장 李容九, 황제·통감·李完用에게 「합방상주 및 청원서」제출(12. 23 일본 桂수상에게 합방진정서를 제출)

12. 7 상해의 閔泳翊, 해외교포들에게 安重根 변호 비용 갹출을 권유

12. 9 천도교, 교도들에게 일진회 반박 포고문을 발표

12.22 안중근 사건으로 구속되었던 安昌浩 석방

12.22 李在明(선천·62·대통령장), 명동 성

당 앞에서 총리대신 李完用을 자격 중상을 입힘(1910. 9 사형 순국)

12. 安昌浩·李甲 등, 헌병대에서 풀려나옴

* 이 해에 의병과 일군의 교전회수 1,738회, 교전 의병수 38,593명

■ 1910년

1. 3 통감 曾彌荒助 귀국

1. 6 창의한북대장 延基羽의 의병, 경기도 연천에서 일 헌병과 교전

1. 중추원의장 金允植 등, 宋秉畯·李容九의 처형을 건의

2.14 安重根, 여순지방법원에서 사형선고 받음

2.15 일진회장 李容九, 일본에 머물던 宋秉畯과 밀회차 부산행(2.20 李는 귀경, 宋은 도일)

2.16 각 대신의 신변경호원 일인 5명, 한인 2명으로 증가

2. 李甲·李鍾浩·李鍾萬, 압록강을 건너 봉천 거쳐 북경으로 감

3.6 安重根(해주·62·대한민국장), 여순 감옥에서 사형 순국(1879~), 시체의 고국귀환 불허로 여순감옥 공동묘지에 안장

3.21 일본 헌병대, 의병장 姜基秉(서울·62·대통령장) 체포에 현상금 2만원

4.12 蔡應彦(평남 영원·62·국민장) 등의 의병 66명, 이천에서 일병과 교전

4. 李會寧·李哲榮·李始榮 등 형제들과 李東寧·梁起鐸 등, 서간도 요영성 삼원보에 독립운동 기지를 마련, 그 자치기관으로 경학사, 부속기관으로 신흥강습소를 설치

4. 의병부대, 함남 안변군 마전동 파출소를 습격

5.10 미주의 국민회, 대동보국회를 흡수하여 대한인국민회로 개칭(미국에 중앙총회, 북미주·하와이·시베리아·만주 등 4개처에 지방총회, 116개의 지방회를 설치)

5.28 나남의 일군 기병, 용산으로 이동

5.30 일본 육군대신 寺內正毅 대장을 현직 채 통감, 山縣有朋의 양자 山縣伊三郎(전 체신대신)을 부통감에 임명

5. 李範允·洪範圖 등 연해주 연합 의병 4,500여 명, 청국 마적 300명과 국내 진공설로 일본 헌병대 국경경비 강화

6. 3 일본 각의, 합방후 시행할 대한정책 결정

6.24 경찰권을 일본에 위임하는 각서에 조인(경찰권 완전 박탈)

6.30 통감부, 헌병경찰제도 공포

6.30 李完用, 총리대신에 복직

6.30 일본 수상관저에서 「합방준비위원회」 회합 개시

7.12 일본 각의, 합병방침과 총독의 권한을 결정(총독을 천황직속하에 두고 예산은 특별회계에서 지출)

7.12 일본 桂수상, 寺內통감에게 「한국 병합실행에 관한 방침」을 통첩(부임 후 寺內통감은 「병합처리방안」을 성안제출)

7.23 寺內正毅 통감 부임

7.31 李完用, 朴齊純·趙重應과 합방문제 밀의

8.12 용산 일군사령부에서 경비회의 개최

8.16 통감관저에서 寺內·李完用·趙重應 3자회담, 寺內, 합방조약안과 합방각서를 수교

8.18 합방조약안, 각의에 상정(학부대신 李容植은 반대)

8.19 宋秉畯, 일본에서 귀국

8.22 총리대신 李完用, 통감 寺內正毅와 한국 통치권을 일황에게 양도하는 한·일합병조약 조인(8. 29 공포)

8.24 일본, 각국에 합방조약을 통고

8.25 경무총감부, 집회취체에 관한 건 공포(정치집회·옥외민중집회 금지)

8.27 李相卨(진천·62·대통령장) 柳麟錫(춘천·62·대통령장)·李範允(서울·62·대통령장) 등, 시베리아와 간도의 한족을 규합하여 블라디보스톡에 聲鳴會를 조직, 합병반대 운동을 전개하고 미국·러시아·중국 등 열강에 대해 유인석 이하 8,624명의 서명이 붙은 선언서를 발송

8.28 의병장 朴世和(함남 고원·62·국민장), 합병에 분개하여 자결(1834~)

8.29 경술국치(한·일합방) 조약문 공포국호를 朝鮮으로 개칭, 조선총독부를 설치

8.30 〈대한매일신보〉를 〈매일신보〉로 개제, 총독부 기관지로 만들고 〈황성신문〉〈대한민보〉〈대한신문〉을 각각 폐간

9. 8 전 판돈녕부사 金奭鎭(서울·62·국민장), 분개하여 자결(1842~)

9.10 「매천야록」의 저자 黃玹(전남 광양·62·국민장), 분개하여 자결(1855~)

9.11 통감부, 정치단체 해산 방침에 따라 일진회에 해산명령. 그 밖의 정치단체에 일제히 해산령

9.24 전 공조참의 李晩燾(안동·62·국민장), 분개하여 자결(1842~)

9.29 조선총독부 및 중추원 관제 공포(10. 1 시행, 총독은 일본 육군대장으로 하며 정무총감을 둠)

9.30 조선총독부 임시토지조사국 관제 공포(이로써 토지 조사사업이 본격적으로 시작됨. ~1918)

10. 1 초대 총독에 寺內正毅, 정무 총감에 山縣伊三郎 임명

10. 3 미주 재류동포들, 클레이멘트에서 군사훈련반 조직, 군사훈련 실시

10. 4 주 한국 내각, 해산식 거행

10. 7 조선 귀족령에 의한 수작식 거행(후작6, 백작3, 자작22, 남작45)

11. 7 의병장 金燾鉉(영양·62·국민장), 합병에 분개하여 동해에 투신자결(1852~)

10. 8 미주재류동포들, 롬폭에서 의용 훈련대 조직

11.10 미주재류동포들, 캔자스시에 소년병학원 설치

11.15 전 시종원부경 張泰秀(김제·62·국민장), 합병에 분개하여 자결(1852~)

11. 李承晩, 귀국(9. 3 뉴욕을 출발, 런던·파리·베를린·모스크바·시베리아·만주를 거쳐)

11. 미주 대한인국민회, 연무반 설치(각 지방에서 군사 훈련 실시)

12. 7 일본의 은사금 거절과 배일활동으로 투옥되었던 李學純(전주·62·국민장), 음독 자결

12.15 범죄즉결례 공포(경찰서장·헌병 분대장에게 직결권 부여)

12.17 망명중인 安明根, 입국하여 비밀리에 군자금을 모집하다 피체

12.31 재한 일본 헌병 2,019명, 일본 경찰 5,693명

12.31 현재 인구 한국인 13,128,780명, 일본인 171,543명, 청국인 11,818명, 기타 외국인 876명

■ 1911년

1. 1 경무총감부, 安明根의 체포를 계기로 황해도 안악의 민족주의자 총검거를 시작(안악사건)

1.26 전 러시아공사 李範晋(함남·63·대통령장), 시베리아에서 자결(1853~)

2.12 의병장 姜基東(서울·62·대통령장), 원산에서 피체(4.17 용산에서 총살 순국)

3. 洪範圖·朴永信 의병부대, 함북 경원에 진입 일군 수비대 습격

7.12 안악사건에 대한 공판 선고(安明根 무기형, 金九·金鴻亮 등 15년, 피의자 전원 불복 상고)

8.30 경성복심원, 안악사건 항소심 판결공판 개정. 安明根 무기, 金九 등 7명 15년, 都寅權 이하 10~5년 징역언도(그 중 만기출옥은 도인권 1명뿐, 기타는 1915년을 전후하여 모두 출옥)

8.30 일본 육군대신 겸 조선총독 寺內正毅, 육군대신을 면하고 총독 전임

9. 경무총감부, 북한지방 순시중인 寺內 총독을 암살하려 했다는 허위 사실을 조작, 신민회원 등 서부지방 민족주의자 600명을 검거 시작(105인 사건·신민회사건), 피검자중 123명을 1912. 6 경성지방법원 검사국에 송치

11. 申圭植, 중국 상해로 단신 망명
12.19 李相卨・李鍾浩 등, 블라디보스톡 신한촌에서 권업회 조직(1914. 러시아의 단체활동 금지령에 의해 해산)
* 이 해에 徐一 등, 북간도에 독립운동 단체인 重光團을 조직
* 1911년 중 의병활동, 충돌 41회 272명

■ 1912년
2. 3 삼림・임야 및 미간지의 국유・사유 구분의 표준을 정함
2.16 어업세령 공포
3. 4 과세지「견취도」를 작성. 군・부・면에 비치. 토지소유권의 소재를 명확히 함(~1913 완성)
3.25 경찰범 처벌규칙 공포(4. 1 시행)
5.22 李容九, 일본에서 죽음(1868~)
5.31 총독부, 전 관리에게 무관복장 착용을 지시
6.28 105인 사건 연루자 123명의 공판, 경성지방법원에서 개정
7. 4 독립운동 단체인 同濟社, 상해에서 조직(이사장 申圭植, 총재 朴殷植)
8. 孫貞道・曺成煥, 일본 거물 桂太郎의 암살 혐의로 대련에서 체포
9.28 新民會사건 피의자에 대한 제1심(尹致昊・梁起鐸・朴嚴正・李昇薰・安泰國・柳東説은 징역 10년, 玉觀彬 등 17명은 7년, 41명은 5년, 16명은 무죄) 피고들 항소
10.27 安在鴻・崔漢基 등 동경 유학생 學友會 조직(회장 申翼熙, 총무 尹顯振, 평의장 金孝錫, 평의원 白南薰・張德秀・金榮洙)
11. 8 대한인국민회, 샌프란시스코에 중앙총회 설립(북미・하와이・시베리아・만주의 지방총회 대표자 참가)
11.20 의병장 李錫庸(임실・62・국민장)의 의병. 전북 장수군 내진면 면소를 습격, 부하 7명 체포됨

■ 1913년
2.21 평안도지방의 항일운동자 車炳修(용강・68・국민장)・崔南華・李元賛 등 12명, 평양지법에서 징역 15~7 년을 언도받음.
3. 李世永(충남 청양・63・국민장), 독립의군부 함경・평안・황해도 총사령관이 됨(전국적인 조직으로 확대되었으나 동지 유하현・全昌桂의 체포로 와해됨)
5.13 安昌浩・宋鍾翊 등, 샌프란시스코에서 흥사단 조직(위원장 洪焉, 이사장 安昌浩), 8도위원 선출(洪焉・趙炳玉・宋鍾翊・鄭源道・姜永韶・金鍾林・金恒作・廉萬石)
6.13 조선총독부관제 개정(총리대신을 경유하여 처리하던 업무를 내무대신을 경

유토록)
6. 의병장 蔡應彦, 황해도지방에서 활동, 적의 헌병분견소 습격
7.15 105인 사건 판결공판에서 尹致昊・梁起鐸・李昇薰・安泰國・玉觀彬에 6년 징역, 기타는 무죄선고. 피고들 상고, 10. 9 상고를 기각당함
12.10 호남창의대장 李錫庸(임실・62・국민장), 임실군에서 피체(1914. 4. 28 대구 감옥에서 사형 순국)
* 이 해에 蔡基中(상주・63・국민장)・庚昌淳(천원・63・국민장)・柳章烈(고창・77・국민장) 등 13명, 풍기에서 비밀결사 대한광복단 조직, 이어 대구에서 朴尚鎭(경주・63・국민장) 일파와 합류 광복회로 개칭. 1916 광복단으로 발전

■ 1914년
3.23 신민회 재정책 全德基(이천・62・국민장), 105인 사건으로 모진 형벌 받고 출옥 후 죽음
3. 러・일전쟁 10주년을 맞아 李相卨・李東寧・李東輝・李鍾浩・鄭在寛 등, 러시아 극동 총독 보스타빈의 양해 아래 망국 후 최초의 망명정부 대한광복군정부(정통령 李相卨)를 세움
5.21 의병장 金貞安, 수안군에서 일헌병과 교전중 전사
6.10 朴容萬, 하와이에서「국민군단」을 조직(단장 박용만)
6.14 의병장 延基羽(경기・62・대통령장), 인제에서 검거됨
6. 의병장 林炳瓚, 거문도로 유배
7.28 제1차 세계대전
7.28 의병장 金尚臺(단양・63・국민장), 옥중에서 단식 자결(1864~)
7. 安鍾奭・閔培植・韓相悦 등 만주 길림성에서 국권회복을 목적으로 彰義所 설립(사령관 안종석)
8.29 하와이 소재「국민군단」군영의 낙성식
11. 7 의병장 金壽鉉(영양・62・국민장), 동해에 투신자살 순국(1852~)
12. 7 평남도 경무부・평양헌병본부 의병대장 蔡應彦의 체포에 현상금
* 이 해의 총 인구 1,592만 9,962명(남자 825만 9,063명, 일본인 29만 1,217명)

■ 1915년
1. 15 徐相日・李始榮(又齋)・尹相泰 등30여 명 달성군에서 비밀결사「조선국권회복단」을 조직
2.23 105인 사건으로 복역중이던 尹致昊・梁起鐸・李昇薰・安泰國・玉觀彬, 전원 가석방
3. 상해의 영국 조계에서 상해의 申圭植・朴殷植과 청도에서 간 曺成煥, 시베리아에서 간 柳東説, 국내에서 간 劉

鴻烈, 간도에서 간 李春日 등 민족지도자들, 신한혁명당을 조직(본부장 李相卨 선임, 본부를 북경에)
5. 대한인국민회 하와이 지방총회 특별대의원회 개최. 이를 계기로 하와이 교포, 李承晩파와 朴容萬파로 분열
7. 5 평안도 지방의 의병장 蔡應彦(평북 자산・62・국민장), 성천에서 피체
7.15 풍기에서 조직된 대한광복단, 경주의 朴尚鎭・梁濟安 등이 합류 광복회로 개칭
8.25 광복회, 대구 달성공원에서 목적・조직・투쟁방법 등을 결정
9.15 군자금 모금중 체포된 의병장 蔡應彦 평양지법에서 사형언도. 9. 21 복심법원에서 사형언도(11. 4 평양 감옥에서 사형)
11. 2 동경 유학생 李光洙・申翼熙・張德秀 등「조선학회」설립

■ 1916년
5.23 의병장 林炳瓚(옥구・62・국민장), 거문도 유배지에서 자결(1851~)
8.15 대종교 창시자 羅喆(寅永), 구월산에서 일본정부에 보내는 장서를 남기고 자결(1863~)
10. 9 총독 寺內正毅, 일본내각 총리대신으로 전임
10.16 육군대장 長谷川好道, 총독으로 부임
* 이 해에 광복회, 盧伯麟・金佐鎭・申鉉大・尹洪重 등의 참가로 광복단으로 개칭(뒤에 노백린 등 10여 명은 상해를 거쳐 하와이로, 김좌진 등 19명은 만주로 파견)

■ 1917년
3. 2 李相卨(진천・62・대통령장), 시베리아 니콜리스크에서 죽음(1871~)
3. 5 경성고보 교원양성소 내의 비밀결사 조선산직장려계, 전국 중등학교 교사를 상대로 활동중 발각, 崔奎翼・金性洙・安在鴻・李殷相 등 130여 명 피체
8. 申圭植 등 상해에서「조선사회당」복직
8.31 조선사회당(대표 申圭植), 스톡홀름에서 열리는 만국사회당 대회에 조선독립요구서 제출, 만장일치로 승인
10. 광복단, 평북과 경북지방 부호들에게 국권회복운동자금을 요구하는 통고문을 보냈다가 발각됨(광복단사건)
12.20 광복단 총사령 朴尚鎭 등 피체
12.25 英親王 李垠, 일본에서 일군 소위로 임관
12. 金立・尹海・文昌範 등 시베리아의 교포를 망라하여「전로한족회 중앙총회」조직(회장 文昌範)

■ 1918년
1. 徐載弼・鄭翰景・閔瓚鎬・安昌浩・李

承晚 등 미국 워싱턴에서 「신한협회」 조직

1. 8 미국 대통령 윌슨, 교서에서 민족자결주의 제창

2. 1 광복단 총사령 朴尚鎭 외 金漢鍾·金敬泰·蔡基中·林鳳柱·姜順必 5명, 살인 및 보안법 위반혐의로 사형을 언도받음

5. 조선주차군을 조선군으로 개칭

5. 전로한족회 중앙총회, 시베리아 내에서의 교포들의 정치적 중립을 선언

7. 朴容萬, 하와이교포의 분열을 막기 위해 화목단체인 갈리회 연합회 조직

8.22 미주의 각종 부인단체를 통합하여 「대한여자애국단」 결성

8. 呂運亨·張德秀·趙東祜·金澈·鮮于爀·韓松溪·申國權 등 상해서 신한청년단을 급조

11.13 呂準·金東三·柳東説·金佐鎭·申八均·徐一·李東寧 등의 중광단 인사 등 지도자급 39명, 만주에서 대한독립선언서를 채택 발표(이른바 무오독립선언)

11.15 신한청년단 呂運亨, 상해에서 미국 대통령 특사 크레인과 회견(11.30 파리강화회의와 윌슨 대통령에게 보낼 한국독립 건의서를 전달)

11.20 미주교포단체, 윌슨 미국 대통령에게 한국독립을 요망하는 진정서를 제출

12. 1 천도교, 일반교도들에게 105일 기도회 주관, 매일 짚신 한 켤레씩 만들도록 지시(총 300여 만원의 자금을 모음)

12. 2 재미교포 전체 대표자 회의에서 파리평화회의 한국대표로 李承晚·鄭翰景·閔瓚鎬의 파견을 결정(출국 허가 얻지 못함)

12.15 孫秉熙·權東鎭·吳世昌·崔麟 등, 서울 남대문 밖 상춘원에서 독립운동 진행방법을 논의. 대중화·일원화·비폭력 등 3대원칙 결정

12.25 호남창의회맹소 통령인 의병장 金容球(영광·68·국민장) 자결

12. 金佐鎭, 만주 길림성에서 「동성한족생계회」를 조직

■ 1919년

1. 6 동경 유학생 학우회, 조선기독교청년회관에서 독립선언에 대한 방침과 실행위원 선출

1.22 고종, 덕수궁에서 승하(1852~)

1.하 유학생 宋繼白(평남 평원·62·국민장) 「조선청년독립단」 명의의 독립선언서를 휴대하고 입경, 玄相允에게 전달

2. 1 신한청년단 대표 呂運亨·張德秀·金奎植·金澈 등 상해에서 회합, 金奎植을 파리, 張德秀를 일본, 金澈·徐丙

浩를 국내, 呂運亨을 러시아로 파견, 독립운동을 지휘케 함(김규식 당일 출발)

2. 8 동경 유학생 600여 명, 동경 조선 YMCA회관에서 「조선청년독립단」 명의로 독립선언서를 발표(이른바 2·8독립선언). 일경, 崔八鏞 등 시위학생 60여 명을 검거

2.상 시베리아 니콜리스크의 전로한족회 중앙총회를 「대한국민의회」로 개칭

2.12 동경 유학생 수백명 日比谷 공원에서 조국독립에 대한 연설과 시위운동을 벌이다가 일경과 충돌, 10명 피체

2.15 2·8독립선언사건 공판, 崔八鏞(함남 홍원·62·국민장)·徐椿·金度演·金喆壽·宋繼白(평남·62·국민장), 金尚德·白寬洙·尹昌錫·李球根은 1년 이하의 실형을 받다(1920.4까지 모두 석방)

2.16 재미 대한인국민회 중앙총회 임시위원회 대표 閔瓚植·鄭翰景(순천·62·국민장)·李承晚 한국의 위임통치 청원서를 윌슨 미국 대통령에게 전달하고 연합통신에 발표

2.21 기독교측 李昇薰·朴熙道·吳箕善 등 천도교측과 합동으로 독립운동할 것을 논의

2.22 학생대표 金元璧(연전)·康基德(보전)·韓偉健(경성의전) 등, 朴熙道와 협의하여 학생운동을 33인 중심의 운동과 합류키로 결정

2.23 崔麟·李昇薰 회합, 천도교·기독교 합작에 합의

2.24 韓龍雲·崔麟 회합, 불교 가세

2.25 천도교측, 독립운동 민족대표로 孫秉熙·崔麟·權東鎭·吳世昌 등 15인을 선정

2.27 安世桓(평남 평원·63·국민장), 일본내각과 국회에 제출할 독립청원서를 가지고 동경으로 떠남

2.27 玄楯(서울·63·국민장), 미국 대통령과 파리강화회의에 보낼 독립청원서 휴대코 상해로 떠남

2.27 천도교 경영 인쇄소 普成社(사장 李鍾一)에서 독립선언서 21,000매 인쇄, 전국에 배포 시작

8.28 지하신문 〈조선독립신문〉 보성사에서 간행, 1만 매 인쇄(이후 1919. 12까지 국내에서만 26종의 비밀 지하신문이 발행됨)

2.28 재경 민족 대표 25명, 孫秉熙 댁에서 최종 회합

3. 1 민족대표 33인, 태화관에서 독립선언서 낭독(4인 불참). 시민 2만여 명은 파고다공원에서 독립선언서 낭독 후 시위운동 벌임. 이를 계기로 만세시위 전국적으로 확대(5.30까지 집회수 1,542건, 참가인원 2,023,098명

피검자 46,948명, 사상자 23,470명)

3. 3 고종황제 국장 거행

3. 3 朴容萬 등 호놀루루에서 「대조선독립단」 창단

3. 9 서울시내 상가 동맹철시(~4. 상순)

3.상 북간도에서 교포들이 「간도대한민회」 조직(회장 具春先)

3.13 파리강화회의 한국대표 金奎植, 파리 도착

3.17 노령의 대한국민의회, 독립선언서 발표

3.21 노령의 대한국민의회, 5개항의 결의문과 내각 명단을 발표(이른바 노령임시정부—대통령 孫秉熙·부통령 朴泳孝·국무총리 李承晚·탁지총장 尹顯振·군무총장 李東輝·내무총장 安昌浩·산업총장 南亨祐·참모총장 柳東説·강화대사 金奎植)

3.24 金奎植, 파리에 「한국대표부」 설치. 고문 헐버트, 서기관 李灌鎔(당시 스위스 유학생), 黃紀煥(당시 미국 군대 출신). 6월중 呂運弘·趙素昂·金湯합류

3.하 귀족·관계·유림·종교계·상공인·청년·학생·부인 등 각계를 망라한 대동단(총재 金嘉鎭) 조직

3.하 郭鍾錫·金福漢 등 유림대표 17인, 金昌淑으로 하여금 독립청원서를 파리에 보내게 함(파리장서)

3.하 상해 불조계 보창로에 玄楯·李光洙·呂運亨·鮮于爀·金澈·徐丙虎 등, 독립임시사무소(총독 玄楯) 설치·각국에 한국독립을 선언

3. 상해 교포 400여 명,· 대한인거류민단(단장 呂運亨) 조직

3. 徐一·桂和·蔡五 등, 동북만주의 대종교 교도를 규합하여 「중광단」을 토대로 정의당 조직

3. 간도대한회, 혼춘대한국민회를 흡수하여 간도국민회로 개칭(회장 具春先). 그 소속군대로 대한독립군(총사령관 洪範圖) 조직

3. 서간도의 의병·유림·보약사·향약계·농무계·포수단 대표 560여 명 유하현 삼원보에 모여 대한독립단(도총재 朴長浩) 조직

4. 1 柳寬順(천원·62·국민장) 천안 아오내(並川) 장터에서 독립만세운동 중 피체(징역 7년 언도받고 복역 중 1920. 10 옥사)

4.10 상해에 모인 망명인사 29명, 불조계 금문신로에서 제1회 임시의정원을 개원하고 57조의 의정원법 통과(의장 李東寧·부의장 孫貞道·의원 玄楯·申翼熙·曹成煥·李光·李光洙·崔謹愚·白南七·趙素昂·金大地·南亨祐·李

會榮・李始榮・趙琬九・申采浩・金澈・鮮于爀・韓鎭敎・秦熙昌・申鐵・李漢根・申錫雨・趙東珍・趙東祜・呂運亨・呂運弘・玄彰運・金東三)

4.11 임시의정원, 상해에 대한민국임시정부 수립하고「대한민국임시헌장」10개조 발표, 국무총리 李承晩・내부총장 安昌浩(차장 申翼熙)・외무총장 金奎植(차장 玄楯)・재무총장 崔在亨(차장 李春塾)・법무총장 李始榮(차장 南亨祐)・군무총장 李東輝(차장 曹成煥)・교통총장 文昌範(차장 鮮于爀)・국무원 비서장 趙素昂

4.15 노령대표 元世勳, 노령의 대한국민의회와 상해의 임시의정원을 병합, 통합정부를 시베리아에 둘 것을 제의

4.15 제암리사건(일본군, 수원 제암리교회에 주민 30여 명을 감금 총살방화)이를 전후하여 수원・안성지방 64개 부락에서 방화살륙 자행

4.23 洪震(冕熙) 등 국내 13도 대표 24명, 국민대회의 명의로 인천 만국공원에서 한성임시정부 조직(집정관총재 李承晩・국무총리 李東輝・외무부총장 朴容萬・내무부총장 李東寧・군무부총장 盧伯麟・재무부총장 李始榮・법무부총장 申圭植・학무부총장 金奎植・교통부총장 文昌範・농동국총판 安昌浩・참모부총장 柳東說)

4. 李範允・秦學新・崔友翼・金淸風 등 동북만주 의병을 중심으로 연길현에서 의군부(총재 李範允) 조직

5.초 서간도의 李會榮계「부민단」, 남만거주 한인 지도자를 흡수, 유하현 삼원보에 한족회(중앙총장 李沰)를 설립하고 무장투쟁을 전개하기 위해 군정부를 조직, 이를 다시 서로군정서로 개칭, 독판 李相龍・부독판 呂準・정무청장 李沰(변절)・군정청장 梁圭烈・참모장 金東三(상해 임시정부를 상부로 추대하는 서간도의 강력한 무장광복운동단체)

5.초 서로군정서계 신흥학교, 신흥무관학교로 개편 개교(교장 李始榮(省齋-7・9 사망). 교관 李靑天・申八均・金擊天)

5.24 金奎植, 파리강화회의에 독립청원서 제출(6.11 의장 크레망소에게 호소문, 6.14, 6.16 윌슨에게 서한 발송)

5.25 재미 대한인국민회 대표 安昌浩, 상해에 도착

5.26 33인 중의 1인 梁漢黙(해남・62・대통령장), 서대문형무소에서 순국(1862～)

5. 李承晩, 워싱턴에 자의로 집정관총재부 설치. 대통령 직함으로 외교활동개시. 9. 구미위원부로 개칭

---

6. 朴容萬, 북경에서「군사통일회」조직

7.10 상해임정, 국무원령 제1호로 국내외의 연락방법인 연통제 공포

7.11 제5회 상해임시의정원, 노령국민의회와의 합병을 결의

8.7 徐一의「정의단」, 金佐鎭을 맞아 임전태세의 군정부로 개편. 12월 왕천현 서대파에서 북로군정서로 개편(총재 徐一・총사령관 金佐鎭・참모장 李章寧・사단장 金奎植 등)

8.8 金奎植・金湯・呂運弘을 대동, 미국 향발

8.9 7월부터 제네바에서 개최된 국제사회당대회(25개국 참가)에 趙素昂・李灌鎔이 참석하여 활약, 한국 독립에 관한 결의문 채택

8.12 총독 長谷川好道 면직, 齋藤實 해군대장 부임(정무총감에 水野鍊太郎)

8.20 총독부관제 개정(헌병경찰제 폐지)

8.21 安昌浩, 임정기관지「독립」창간(뒤에〈독립신문〉으로 개제)

8. 洪範圖 휘하의「대한독립군」, 강계・만포진을 공격하고 갑산・혜산진 등지의 일군병영을 습격

9.2 「노인동맹단」의 姜宇奎(평남 덕천・62・대한민국장), 부임하는 齋藤實 총독에게 남대문역에서 폭탄을 던졌으나 실패(37명 중경상). 9.12 피체, 1920. 11.29 순국(1856～)

9.6 상해임시의정원, 헌법개정안 및 정부개조안 통과(제1차 개헌 우리나라 헌법의 모체), 대통령제 개헌에 따른 초대 각료 발표(임시대통령 李承晩・국무총리 李東輝・외무총장 朴容萬・학무총장 金奎植・교통총장 文昌範・내무총장 李東寧・재무총장 李始榮・법무총장 申圭植・군무총장 盧伯麟・노동총판 安昌浩), 이는 한성 임시 정부의 내각 그대로임

9.11 대한민국 임시 정부, 임시 헌법 공포(한성・노령・상해의 각 임정, 상해로 통합)

9.18 李東輝(노령), 상해 도착, 국무총리에 취임

11.9 의친왕 李堈, 상해로 탈출(11.11 만주 안동역 구내에서 발각 국내로 압송. 李堈公을 위해 활약하던 全協(1873～1927)은 체포되어 8년 징역을 치르다 불치의 병으로 가출옥 후 사망

11.9 金元鳳・李鍾岩 등 13명, 길림성 파호문 밖에서 항일무력단체 의열단 조직(단장 金元鳳)

11.18 일본정부의 요청으로 도일한 呂運亨 동경에서 한민족의 절대 독립을 기자단에 밝혀 문제화(～1929)

12. 임정 구미위원부, 독립공채 50만 달러 모금 착수

■ 1920년

1.4 간도국민회의 尹俊熙(회령・63・국민장)・林國楨(함흥・63・국민장)・韓相浩(경성・63・국민장) 등 5명, 조선은행 회령지점에서 수송중이던 조선은행권 15만원을 탈취. 1.31 블라디보스톡에서 독립군 무기를 구입하려다 일본관헌에게 체포됨.(1921. 8. 25 전원 사형)

1.20 朴長浩(평북・정주・62・국민장)・趙孟善(황해 평산・62・국민장) 등 평북독립단 조직

3.5 조선일보 창간

3.15 북간도지방의 독립군 200여 명, 두만강을 건너 국내에 잠입, 온성지방에서 일군과 교전(～27)

3.22 3・1운동 대표 孫秉熙 등 48인에 소요죄를 적용하여 예심종결

4.1 동아일보 창간

4.4 시베리아에 주둔한 일본군, 블라디보스톡 신한촌을 습격하여 한민학교 등을 소각하고 교포 70여 명을 체포. 이어 니콜리스크를 점령하고 崔在亨(경원・62・국민장) 등 90여 명을 총살

6.7 대한독립단총재 白三圭(평북 태천・68・국민장), 향인현에서 일군에 검거되어 피살

6.7 간도국민회 소속 대한독립군, 洪範圖의 지휘로, 만주 왕청현 봉오동의 아 군사령부를 공격해온 일군 연대병력을 완전 격파(일군 피해 전사 157, 중상 200여, 경상 100여), 독립군 피해 전사 4명, 중상 2명(봉오동전투)

6.19 崔時興(의주・62・국민장)이 인솔하는 천마산대 500여 명, 삭주군 덕유동에서 일경과 수차 접전

6. 吳東振 등 유하현에서「광복군총영」조직

8.3 상해의용단의 文一民(강서・62・국민장)・金禮鎭(강서・62・국민장) 등 평남도청에 폭탄 투척

9.1 광복단원 朴致毅(선천・62・국민장), 선천군청과 경찰서에 투탄

9.2 의열단원 朴載赫(부산・62・국민장), 부산경찰서 폭파

9.9 북로군정서 사관양성소, 생도 298명 배출(북간도 서대파 십리평)

9.25 일군, 만주 출병의 구실을 위해 중국인 마적 張江好를 매수, 혼춘성을 습격케 함(제1차 혼춘사건)

10.2 제2차 혼춘사건(간도성 한국인 살륙의 구실을 위해 일본영사관을 습격)

10.5 일본군, 북간도 일대 한국인 대학살을 시작(～11.23). 69개 촌락에서 피살 2,285명, 가옥손실 2,507호

10.21 金佐鎭・李範奭 등의 북로군정서부대 2,500명 화룡현 삼도구(청산리)에서

만주출병일군 여단병력과 접전하여 대
승. 일군 3,300여 명 사살, 아군 피해
사상 150명, 실종 200명(청산리대첩)

11. 동북만주의 독립군부대들, 홍개호 부
근 밀산에 집결, 대한독립군단을 조
직(총재 徐一·부총재 洪範圖·金佐
鎭·曺成煥·총사령 金奎植·여단장
李青天, 병력 3,500여 명, 노령 이르
크츠크로 이동)

12. 8 李承晩, 林炳稷을 대동하고 상해 도착

12.27 의열단원 崔壽鳳(밀양·63·국민장),
밀양경찰서에 투탄

■ 1921년

1.24 임정 국무총리 李東輝, 대통령 李承
晩과 의견충돌로 사임(후임 李東寧)

2.16 梁謹煥(연백·80·국민장), 참전권 청
원서를 일본 의회에서 제출한 친일파
閔元植을 동경에서 사살(2.24 피체
1922. 5.4 무기징역 언도)

4.20 申肅·申容浩·朴容萬 등, 북경에서
「군사 통일 준비회」를 열고 임시정부
부임과 새 국민 대표자회의를 제창.

4.20 安敬信(평남 대동·62·국민장), 평
남도청에 폭탄을 던지고 피신 중 함흥
에서 피체

4.29 의용대(대장 林炳極), 함남 갑산·풍
산·단천에서 일군과 교전(40여 일간)

4.30 500여 명의 무장독립군, 온성 습격

5. 8 임시군사주비단 사령관 李承吉 (황해
황주·77·국민장) 등 15명, 사리원
에서 일경에 검거

5.16 申圭植, 임정 국무총리 대리에 임명
됨

6.17 독립군 의용대원, 벽동군서를 습격,
일인경관 6명과 군감을 사살

6.24 광복단원 權寧萬(청송·62·국민장),
정무총감 암살기도 혐의로 대구에서
피검

6.28 자유시사변(=알렉세프스크, 지금의
스바보드니)일크츠크파 고려 공산당
의 음모로 자유시 수비대 제29연대 병
력이 공격, 사하린부대의 한국독립군
무참히 희생(사망자 27명, 익사자 31
명, 행방불명자 250명, 포로 917명)

6.29 李承晩, 상해에서 미국향발

6. 李東輝, 朴鎭淳, 朴克魯 대동하고 상
해에서 모스크바 향발

7. 7 李承晩·閔瓚鎬 등, 호놀루루에서 동
지회 조직(1924.11.23 李承晩을 종신
총재로 선출)

8.27 전 북로군정서 총재 徐一(경원·62·
국민장), 만주 밀산천에서 자결순국
(1881~)

9.11 의열단원 金益相(고양·62·대통령장),
총독부청사에 투탄, 북경에 피신

10. 3 張志淵(상주·62·국민장) 서거

10. 6 독립군 의용대 崔任植 등 5명, 평북

창성경찰서를 습격하다 검거

10.10 李承晩, 태평양회의에서 한국독립청원
서를 미국 대표에게 제출

10. 임정, 광동 중화호법정부와 외교관계 수
립을 위해 申圭植을 파견

12. 3 金允經 등, 조선어연구회(뒤의 조선어
학회) 창립

12.28 徐載弼·李承晩 등, 워싱턴 군축회의
에 한국독립청원서 제출

* 이 해에 독립군 출동건수 602건, 출동인
원 3,184명, 일군과의 교전회수 만주 73
건, 국내 87건, 일경 경찰서 습격 9건, 17
명 사살

■ 1922년

1. 5 독립단 85명 만주 혼춘·강동에서 일
군수비대와 주재소를 습격. 일경과 교
전

1.20 함남 일대의 독립운동 지도자 安智鎬
(고성·63·국민장), 옥사

1.25 대한국민회원 85명, 곡산·순안에서
일경에 검거됨

2. 2 보합단사건의 金亨碩 등 4명, 평양감
옥에서 사형당함

2.11 李光洙·金允經 등 11명, 흥사단 한국
지부 조직의 명을 받고 서울에서 「수
양동맹회」 조직 후에 「수양동우회」로,
다시 「동우회」로 개칭

3. 1 경성감옥에 투옥된 독립운동자들, 3
일간 독립만세 고창

3.22 李承晩계 하와이교포, 「대한인국민회」
하와이지방 총회를 해체하고 「하와이
대한인교민단」으로 개편

3.25 친일 은율군수 최병혁을 죽인 閔良基
(해주·62·국민장), 평양감옥에서 사
형당함

3.28 의열단원 金益相(경기 고양·62·대통
령장)·吳成崙(李正龍)·李鍾岩(梁健
浩), 상해 황포탄에서 田中義一 대장
의 저격에 실패하고 피체(김익상, 11.
6 사형언도 후에 20년으로 감형, 만기
출옥 후 일인형사에게 암살됨)

5.19 孫秉熙(청주·62·대한민국장) 서거

7. 8 대한광복단원 金昌坤(의주·63·국민
장), 평양감옥에서 사형당함

7.25 철원 애국단 대표 趙鍾大(황해 김천·
63·국민장), 함흥 감옥에서 옥사(1873
~)

7.28 만주 광성대 중대장 鄭世萬 등 40명,
함남 혜산주재소 습격

7. 呂運亨, 상해에서 시사책진회 조직

8. 4 선천서에 폭탄을 던진 朴承浩, 신의
주 감옥에서 옥사(1877~)

8.12 총독부 경무국장, 과격사상과 공산주
의에 대한 단속방침 발표

8. 광복군사령부·한족회·광복군총영·
광한당 등 단체의 대표들 항인현에서
통합을 결의, 단체명을 대한통군부라

함. 10월 대한통의부로 개칭(중앙집행
위원장 金東三). 인사에 불만을 품은
全德元(철산·62·국민장) 등 따로 의
군부를 조직

9.25 申圭植(서울·62·대통령장), 상해에
서 서거(1879~)

10. 1 金九·趙尙燮·金仁全·呂運亨 등 7
명, 군인양성·전비조달을 목적으로
한국노병회를 상해에서 발기(이사장
金九)

12.27 보합단 단장 金道源(선천·62·국민
장), 경성복심원에서 사형 언도. 1923
4.6 사형 순국함

* 이 해에 독립군 충돌 378건, 출동인원
2,127명(일본군과의 교전회수 만주 59건,
국내 89건, 경찰관서 습격 13건, 28명 사
살)

■ 1923년

1. 3 임정 내분 수습을 위해 국내외 70여
독립단체 160여 명이 상해에 모여 대한
국민대표회 개최(의장 金東三), 개조
파와 창조파의 대립으로 회의 결렬
(~3월)

1. 5 盧伯麟, 임정 국무총리가 됨

1.12 의열단원 金相玉(서울·62·대통령장),
종로경찰서에 폭탄을 던짐. 1.17 은
신중 일경에 탐지되어 총격전 벌임.일
경 수명 사상(三坂洞 사건).1.22 효
제동에서 일경·1천여 명과 대치, 3시
간의 접전 끝에 수명을 사살하고 자
결(1890~)

1. 申采浩, 의열단이 국내에 가져갈 조
선혁명선언문 작성

1. 의열단, 상해에 비밀 폭탄제조공장을
설립

2.28 대한청년단원 金明權(평북 덕천·68·
국민장), 일경 살해 혐의로 사형언도

3. 1 동경 유학생 300여 명, 동경 上野공원
에서 3·1운동 기념식 거행, 70여 명
피검

3.15 의열단원 金始顯·黃鈺·劉錫鉉 등
상해에서 폭탄을 반입하다 피체

4.25 趙德律·金斗萬 등 11명의 임시의정
원의원, 헌법위반 혐의로 임시대통령
李承晩 탄핵안을 제출

5. 金奎植·高平·李範奭 등 만주 연길현
에서 임정 후원 아래 고려혁명군 조
직, 총사령 金奎植(의병장)

6. 2 金奎植·韓馨權·李青天·呂運亨 등
30여 명의 창조파 임정을 이탈, 상해
에서 조선공화국을 선포

6. 3 상해 국민대표자회의 개조파 57명 창
조파의 독단을 성토

6. 6 임정 내무총장 金九, 국민대표회의의
즉각 해산을 명령

9. 3 朴烈·金子文子 등, 일황을 살해하려
했다는 혐의로 동경에서 검거됨

218

10. 9 광복단장 金星極, 홍업단·군비단·태극단을 통합, 남만주에서 광정단 조직 (단장 金虎翼)

* 이 해에 독립군 충돌 387건, 충돌 인원 2,127명(일군과의 교전 회수 만주 59건, 국내 89건, 일경찰서 습격 13건, 28명 사살)

■ 1924년

1. 5 의열단원 金祉燮(안동·62·대통령장) 동경 二重橋에 폭탄을 던짐(二重橋사건). 11. 6 무기징역 언도(후에 20년으로 감형). 1928. 2. 20 옥사(1885~)

3.10 金佐鎭·金赫 등, 만주에서 산재한 독립군을 다시 규합하여 영안현에 서북로군정서 정신에 입각한 신민부 조직(중앙집행위원장 金赫·총사령 金奎鎭)

4. 9 국무총리 盧伯麟을 해임. 내무총장 金九가 직무대리

4.16 임시각료 집단사임(법무총장 洪震·군무총장 柳東說·교통총장 李沰·학무총장 曹成煥·노동국총판 金東三 등)

4.23 李東寧, 임정 국무총리에 취임

8.22 의열단원 片康烈(연백·62·대통령장) 하얼삔에서 피체. 신의주에 압송, 징역 7년 언도

■ 1925년

1.13 임정, 국무원을 개편. 朴殷植 총리, 의정원에서 헌법 개정·내정 정돈·외교 실효화 등 새 방침 천명

1. 통의부 등 만주 길림성 화전현에 정의부 조직(중앙집행위원장 李沰)

3.16 참의부 독립군, 국내 대 진격을 계획 중 일경에 피습, 43명 피살(고마령참변)

3.18 임정 의정원, 임시 대통령 李承晩 탄핵안 가결

3.28 李承晩 면직, 임시 대통령에 朴殷植 취임

3.30 임시 의정원, 헌법을 개정. 대통령제를 없애고 국무령 중심의 내각책임제 채택(4. 7공포. 7. 7 발효) 제2차 헌법개정

5. 8 총독부, 치안유지법 공포

6.11 총독부 경찰국장 三矢宮松, 봉천성 경찰청장과 협정하여 재만 한인의 취체를 강화키로 함(三矢協定)

8.31 33인의 1인 李鍾一(포천·62·대통령장) 서거(1858~)

■ 1926년

1. 6 총독부, 청사완공. 이전(현 중앙청)

1.12 盧伯麟(황해 풍천·62·대통령장) 상해에서 서거(1875~)

4.28 宋學先(서울·62·국민장), 창덕궁 금호문 앞에서 佐藤虎次郎을 총독 齋藤 實로 오인하고 저격. 佐藤 등 일인 4명을 사살(金虎門 사건). 1927.5.19. 사형 순국함

5. 신민부 군사위원장 金佐鎭, 만주로 보내는 총독부 공금 6천원을 만주 중동철도 연선에서 탈취

6.10 순종의 국장을 거행

6.10 6·10만세운동 李炳立(연전)·李天鎭(성대 예과)·李先鎬(중앙고보) 등 학생단은 전단을 살포하고 8개 처에서 독립만세 시위

6.11 6·10 만세운동으로 학생 106명, 일경에 피체

6.26 呂運亨, 광동에서 한인 혁명군 조직, 중국국민당의 북벌군에 가담

7. 7 洪震(서울·62·국민장) 임정 국무령에 선출됨

7.10 李壽興(이천·62·국민장), 동소문 파출소 습격

7.19 安昌浩 등 상해교포 200명, 임정 경제 후원회를 조직

11. 9 朴殷植(황주·62·대통령장), 상해에서 서거(1859~)

12.14 金九, 임시 국무령에 취임. 李圭洪·金澈·尹琦燮·吳永善·金甲 등 국무위원에 임명됨

12.18 의열단원 高仁德(밀양·63·국민장), 대구형무소에서 옥사(1905~).

12.28 의열단원 羅錫疇(재령·62·대통령장), 식산은행과 동양척식회사에 폭탄을 던지고 일경과 교전하다 자결(1892~)

■ 1927년

1.19 임정, 직제를 개정, 노동위원제 채택(집행위원장 金九, 위원 李東寧 등 5명 선출)

1.19 申錫雨·權東鎭 등, 민족단일당·민족협동전선 구축이란 표어 아래 신간회 창립선언

2.14 만주 길림성 길림 대동공사에서 개최된 安昌浩 강연회장을 만주군경 100여 명이 포위, 安昌浩 등 200여 명 피체, 21일 만에 석방됨

2.15 민족운동단체인 신간회, 서울 YMCA에서 창립총회 개최(회장 李商在)

3.29 李商在(서천·62·대통령장) 서거(1850~)

4.15 총독 齋藤實의 3국군축회의 참가로 宇垣一成, 임시총독이 됨(~8.30)

4.20 스티븐스를 사살한 張仁煥, 미국에서 10년 감옥생활 끝에 출옥, 23년 만에 귀국

6.14 경북 유림단 사건의 대표 金昌淑(성주·62·대한민국장), 상해에서 일경에 피체(6. 18 대구로 호송)

7.10 신간회 경성지회 설립(회장 韓龍雲·부회장 許憲)

8. 임정, 임시약헌 개헌 후 내각 해산되고 새 내각 구성(주석 李東寧, 국무위원 金九·吳永善·金澈·金甲)

11.14 曺成煥 등 상해에서 임정의 여당으로 한국 유일 독립당 촉성회 각지 대표 연합회 개최

11.15 정의부 협의회파와 신민부·참의부에서 이탈한 간부들 회합, 만주 대둔에서 국민부 조직

12.10 총독에 山梨半造 임명

12.16 정의부 위원장 吳東振(의주·62·대한민국장), 길림에서 신의주 일경에 피체(1932. 3. 9 신의주 지법에서 무기징역을 언도받고 복역중 1940년경 옥사. 1889~)

■ 1928년

3.25 李東寧·安昌浩·金九·李始榮 등 상해에서 한국독립당 조직

5.14 趙明河(황해 송화·63·국민장), 대만 대중역에서 일황족 久邇宮邦彦王을 저격했으나 실패. 피체(10. 10 사형)

6. 총독부, 치안유지법 개정공포

11. 李青天, 동만주에서 고려혁명사관학교 개교

■ 1929년

1.14 원산 대파업. 원산의 부두노동자 등 1,400여 명 노동조건개선을 요구하며 총파업(~4. 6)

1.19 동경 경시청, 재동경 한인단체를 총수색

3.11 신간회 전국대회, 총독부에 의해 금지당함

3. 정의부·참의부·신민부, 길림성에서 제 2차 통합회의 개최. 자치기관으로 국민부 조직(중앙집행위원장 玄益哲)

7.10 呂運亨, 상해에서 피체

7. 신민부 군사파 金佐鎭 등, 만주 영안현에서 민족자치연합 조직

8.17 齋藤實, 제5대 총독에 재임명

9. 재만한인중앙의회를 개최, 자치와 혁명을 분리, 자치는 국민부가 담당키로 하고, 혁명과업은 민족유일당 조직을 개편 조선혁명당을 조직(위원장 玄正卿)

10.30 광주·나주간의 통학열차 안에서 한·일 학생 충돌사건 일어남(광주학생 사건의 도화선)

11. 3 광주고보생, 일인학생의 비행과 이를 왜곡보도한 〈광주일보〉를 규탄하며 데모, 일인학생과 크게 충돌함. 이에 동조한 광주의 전학생 궐기, 전국적인 항일 학생운동으로 번짐(광주학생 운동). 1930. 3까지의 참가교 194, 참가학생 54,000명, 투옥 500여 명, 무기정학 2,330여 명

11. 8 서울 성대를 필두로 서울 고등보통학

교 전체학생, 독립만세 외치며 시위, 동맹휴학(~9일)

12.상 신간회, 광주학생운동 진상보고를 위한 민중대회를 열고 민중선언서를 발표할 것을 비밀리에 결의

12.12 평양 숭실전문을 중심으로 시내 전 중등학교 1,600여 명, 만세 시위

12.13 일경, 신간회 본부를 급습하고 간부 44명을 검거, 이어 자매단체 조우회 간부 47명을 검거(민중대회사건)

12.14 재일유학생·신간회원, 동경에서 광주학생운동 비판연설회 개최. 강제해산

■ 1930년

1. 9 개성의 400여 명 학생들, 만세시위(32명 검거)

1. 9 부산의 학생들 동맹휴학 선언

1.12 평양 숭실전문 등 각급 학교생 1,600여 명 만세시위

1.14 함흥의 학생들 만세시위(30여 명 검거)

1.15 서울 14개교 남녀학생들 만세시위(400여 명 검거)

1.17 원산의 학생 300여 명 만세시위(200여 명 검거)

1.24 金佐鎭(홍성·62·대한민국장), 북만주 산시역전에서 공산주의자 朴尙實·金一星 등에게 암살당함(1889~)

1.28 간도의 한인학생 170여 명, 격문살포, 만세시위. 25,100여 명 등교중 재차 시위(166명 검거됨)

5. 7 광주학생운동을 변호한 변호사 李仁(대구·63·국민장), 사상변론이 불온하다고 6개월간 정직당함

5. 9 李昇薰(평북 정주·62·대한민국장) 서거(1864~)

5. 韓龍雲, 항일비밀결사 卍당 조직

6. 6 呂運亨, 경성복심원에서 치안유지법 위반 명목으로 징역 3년 언도.

7.19 申采浩, 대련법원에서 징역 10년 언도

7.26 洪震·申肅·李青天·李圭彩 등, 한족연합회를 모체로 만주 길림성에서 한국 독립당과 소속군인 한국독립군 조직(중앙의장 洪震·군사위원장 李青天)

8. 4 임정, 국무원을 개편(국무령 金九·내무 車利錫·재무 宋秉祚·학무 金奎植·외무 趙素昂·법무 梁起鐸·군무 柳東説·교통 崔東旿·선전 尹起燮)

■ 1931년

2.29 孫貞道(강서·62·국민장), 만주 길림성에서 죽음(1872~)

4.18 신간회 민중대회사건의 許憲·趙炳玉(충남 천원·62·국민장) 등 징역 1년 6월~1년 4월 언도받음

4.18 임정, 대외선언을 발표하고 3균제도를 건국원칙으로 천명

5.10 신간회 전국대회를 열고 해체를 결의

6.17 齋藤實 총독 사임, 宇垣一成 총독에 임명(7. 14 착임)

7. 1 만보산사건.만주 장춘현 만보산에서 수로공사 문제로 한·중 농민 충돌. 7. 2 장춘의 일본영사관, 제국신민보호라는 명목으로 경찰을 출동시킴. 중국측도 경찰을 출동시킴(7. 6 한인의 강행으로 공사 완료)

7. 2 〈조선일보〉 장춘지국 기자 金利三의 전문에 따라 많은 한인이 만보산에서 피살되었다는 호외 발행(재만한인, 金利三을 관동군의 앞잡이라고 지탄)

7. 3 인천·서울에서 중국인 습격 파동, 7. 5 평양을 위시해 전국으로 번짐

7.14 金利三기자, 7. 2자 〈조선일보〉 보도는 오보라고 정정사과. 7. 15 길림에서 피살됨(일본의 사주설)

7.16 총독부, 중국인 박해사건의 피해를 발표(중국인 100여 명 사망, 수백 명 부상)

7.24 재만 독립군 간부 李應瑞(강개·68·국민장) 등 3명, 신의주 지법에서 각각 무기징역을 언도받음

9.18 만주사변 발발. 일본 관동군 참모들, 만주 점령을 꾀하여 봉천 교외 유조구의 만천선로를 폭파, 관동군사령부 이를 중국군의 짓이라 하여 총공격을 명령

9.19 중국, 유조구사건을 국제연맹에 보고(9. 21 정식으로 제소)

9.21 일본 관동군, 길림에 출동. 조선군사령관 林銑十郎, 독단으로 조선군의 만주월경을 시작

9.23 국제연맹, 만주사변으로 긴급 이사회 소집

9.26 상해에서 10여 만 명의 항일대집회

10.12 만주 독립군 총사령관 金東三, 하얼삔에서 일경에 피체

11. 2 한국독립단, 길림에서 중앙회의를 열고 36개 군구에 총동원령을 내림

12.11 洪震·李青天·黃學秀·申肅 등 재만 한인무장 독립단체를 통합하고 중국호로 군사령관 丁超와 한·중항일연합군을 편성

* 이 해에 金九, 임정 직속으로 일본 요인의 암살을 목적으로 하는 한인애국단을 조직

■ 1932년

1. 8 한인애국단원 李奉昌(서울·62·대통령장), 동경 櫻田門 밖에서 일본 천황 裕仁에게 수류탄을 투척, 실패하고 검거됨(10. 10 동경 市谷형무소에서 사형 순국)

1.28 제1차 상해사변 발발

2. 6 일경, 국민부 근거지를 습격, 독립군

3개 중대 전멸

3. 1 괴뢰 만주국 건국선언, 博儀 집정에 취임

4. 국제연맹조사단(단장 리튼), 만주 실정조사(~6. 2)

4.29 한인애국단원 尹奉吉(예산·62·대한민국장), 상해 虹口공원에서 열린 일황의 생일 경축식장에 폭탄을 던짐.주중 일군사령관 白川義則 대장 등 10여 명을 사상하고 피체(12. 19 사형 순국)

4.30 安昌浩, 상해 虹口공원사건과 관련 일경에 피체 서울로 압송(12. 26 징역 4년 언도, 1935. 2. 10 대전형무소에서 가출옥)

5. 임정, 1차 이전(上海→杭州)

7.26 呂運亨, 만기 4개월 앞두고 가출옥

7.30 평양의 曺晚植·李東元 등, 민족주의 단체를 통합, 건중회 설립

8.12 조선혁명군 총사령 梁世奉(평북 철산·62·국민장), 일군의 습격받고 전사

9.19 제1차 쌍성보전투. 한국독립당의 한중연합군(李青天), 만주 哈長線의 요지인 쌍성보를 점령(하순경에 우가둔으로 후퇴)

9. 중국 남경에서 한국독립당·조선혁명당·신한독립당·의열단·대한인독립당 등 5개 단체로 대일전선통일동맹 조직, 중국측 항일민중단체와 함께「한·중 민중대동맹」결성

10. 의열단, 남경국민정부 군사위원회 간부훈련반 안에 조선혁명군사정치간부학교 설립(교장 金元鳳). 1933. 4. 20 제1기 26명, 1934. 4 제2기 54명 배출

11. 7 제2차 쌍성보전투. 한·중연합군 다시 쌍성보 점령, 일경 섬멸(11. 20 퇴각)

11.20 李會榮(서울·62·국민장), 대련경찰서에서 고문받고 죽음(1866~)

11.27 한·중연합군의 중국측 李鳳林부대, 일군과 휴전. 이로써 한국독립군은 단독행동을 취함

12. 한국독립당 대표 姜鎭海 등, 영안현에서 중국군 제14사장 蔡世榮과 한·중연합통일군을 결성

12.25 한·중연합통일군(한국측 李青天·黃學秀, 중국측 蔡世榮), 동만주 鏡泊湖 근처에서 일만군 2,000명 격파(鏡泊湖전투)

■ 1933년

3. 1 南慈賢(영양·62·대통령장)·李奎東 만주 정부 건국기념식에 일본대사를 살해하려고 폭탄을 휴대 잠입다가 피체(8. 22 南慈賢, 병보석중 죽음)

3.17 白貞基(정읍·63·국민장)·李康勳(금화·62·국민장)·李元勳, 주중일본공사 有吉明을 虹口공원에서 암살

하려다 실패, 검거됨(1936.5.22 白貞基, 무기형을 받고 복역중 옥사)

5. 金九・蔣介石회담, 임정 국무령 金九 남경에서 蔣介石과 회담. 낙양군관학교에 한인훈련반 설치키로 합의. 11.15 한인특별반 설치(책임자 李青天)

6. 8 한・중연합통일군, 이동중인 일군 나남부대를 大旬子嶺에서 공격, 전멸시킴(大旬子嶺전투)

7.13 한・중연합통일군, 동경성 주둔 1개여단병력의 일만연합군을 격파, 동경성을 점령(동경성전투)

10. 李青天 등 재만독립군 간부 일행, 낙양군관학교 한인특별반 설치를 위해 산해관 내로 들어감

11.15 낙양군관학교 한인특별반 설치(1년만에 일본의 방해로 해산)

■ 1934년

2. 재만 한국독립당 대표 洪震・金科植과 재남경 한국혁명당 대표 尹琦燮・延秉昊 등 각 소속당을 해체하고 「신한독립당」을 조직

3. 1 한국독립당(金澈・金枓奉・宋秉祚)・신한독립당(洪震・申翼熙・尹琦燮)・義烈團(金斌)・朝鮮革命黨(崔東昕) 등, 남경에서 한국대일전선 통일동맹 제2차대회 개최

8. 임정, 낙양군관학교생 25명을 소환, 중국중앙 육군군관학교 제10기 제1총대에 입학시킴

9. 1 총독부, 경성제1고보 등 5개교에 군사훈련 실시

10. 9 조선독립단 결사대원 徐元俊(평양・68・국민장), 평양지법에서 사형언도(1935.4.30 사형)

■ 1935년

1.31 李東輝, 블라디보스톡에서 죽음(1873)

5.27 한국독립당, 중국 杭州에서 임시대회 개최(한국대일전선 통일동맹의 단일대당에 참가하려는 파의 우세로 해체)

6.20 한국대일전선통일동맹의 주창으로 남경에서 민족주의 단체 대표대회 개최(7.4)

7. 5 민족혁명당 조직(이로 인해 의열단・한국독립단・신한독립당・조선혁명단・대한독립당 등 각 정당이 해산됨)

7.하 임정 국무위원 梁起鐸・柳東説・金奎植・趙素昂・崔東昕의 민족혁명당 입당과 동시 국무위원 사표제출로 임정 운영 정체상태(宋秉祚・車利錫만 임정 명맥을 유지)

9.25 민족혁명당, 金元鳳 등의 赤色운동으로 분열 시작. 趙素昂・文逸民 등은 이탈하여 한국독립당 재건을 선언

9. 총독부, 각 학교에 신사참배를 강요

10.12 조선주둔 일군, 사단대항연습 거행. 이를 계기로 전국적으로 독립운동자 다수 검거 시작

11. 3 임시의정원, 비상회의를 杭州에서 개최, 무정부 상태의 임정을 강화(주석 李東寧・학무장 趙琬九・재무장 金九・군무장 曹成煥・법무장 李始榮・내무장 宋秉祚・외무장 車利錫)

11. 임정, 제2차 이전(杭州→嘉興)

11. 李東寧・李始榮・金九 등 杭州에서 임정의 여당으로 한국국민당 조직

■ 1936년

3. 4 申采浩(충남 대덕・62・대통령장), 여순감옥에서 순국(1880~)

8. 5 총독에 南次郎 임명(8.26 부임)

■ 1937년

2. 상해의 민족혁명당, 비상대표자회의를 열고 金元鳳 등을 제거하고 한국민족혁명당(李青天・玄益哲・柳東説・梁起鐸)으로 개칭(金元鳳 등은 「조선민족혁명당」을 조직)

4. 임정, 3차 이전(嘉興→鎭江)

6. 6 수양동우회사건(흥사단 사건, 安昌浩 등 동우회 회원 150여 명, 치안유지법 위반혐의로 투옥. 1941.11.17 최종재판에서 전원 무죄판결)

7. 7 蘆溝橋에서 중・일군 충돌(중일전쟁)

7.15 임정, 鎭江에서 국무회의를 열고 군사위원회 설치를 결의(군사위원에 柳東説・李青天・李復源・玄益哲・安恭根・金學奎)

7.28 일군, 화북에서 총공격 개시

7. 중・일전쟁을 계기로 임정 외곽단체 「한국광복전선」을 조직(한국독립당・한국국민당・한국민족혁명당 및 미주의 대한독립당・동지회・국민회 등). 이 무렵 연안의 좌익진영은 「조선민족전선」을 조직

11.23 임정, 4차 이전(鎭江→長沙)

■ 1938년

2.22 조선육군지원병령 공포

2. 일제, 신사참배 거부한 기독교 장로교 계통 9개 중학과 9개 소학교를 폐쇄 2,000여 명을 투옥

4. 1 일제, 조선교육령을 공포 교과 과정의 조선어 과목 폐지 한국어 사용을 전면 금지

5. 7 임정 요인(金九・玄益哲・柳東説・李青天)들 조선혁명계의 李雲漢에게 저격당함(長沙에서)

7. 7 일제, 국민정신총동원 조선연맹을 결성. 각 면과 부락 단위에까지 결성하고 한국혼의 말살과 침략 전쟁이 당연한 것임을 역선전

7.17 임정, 5차 이전(長沙→廣州)

9.하 임정, 6차 이전 (廣州→柳州)

■ 1939년

5.30 임정, 7차 이전(柳州→綦江)

9.30 국민징용령 공포

11. 조선민사령을 개정 「창씨개명」을 법제화

■ 1940년

2.11 창씨개명 실시

3.13 李東寧(충남 천원・62・대통령장), 중국 사천성에서 죽음(1869~)

4. 1 한국독립당 조직(재건 한국독립당・한국국민당・조선혁명당 합동), 위원장 金九

8.10 조선일보・동아일보 폐간

9.상 임정, 8차 이전(綦江→重慶)

9.17 임정 한국광복군총사령부 성립전례 거행. 국군창설을 내외에 선포 총사령 李青天・참모장 李範奭・제1지대장 李俊植(山西省 大同)・제2지대장 高雲起(綏遠省 包頭)・제3지대장 金學奎(安徽省 阜陽)

10. 임시의정원 정기의회 개최, 헌법개정(국무령제를 폐지하고 국무위원제를 채택) 주석 및 국무위원 개선(주석 金九, 국무위원 李始榮・曹成煥・趙琬九・趙素昂・洪震・李青天・車利錫・柳東説)

11. 한국광복군총사령부, 중경에서 서안으로 이전, 군사특파단을 폐지하고 건군 공작 착수와 유격전 수행

■ 1941년

1. 1 서안의 한국청년공작대, 광복군 제5지지대(지대장 羅日煥)로 편입

2. 高雲起(公震遠), 광복군 징모 제2분처 주임에 임명

4.20 미주 각 단체 대표, 호놀루루에서 해외한족대회를 개최하고 「한족연합위원회」를 조직

8. 임정, 루우스벨트・처어칠 선언에 대한 성명 발표

10. 3 임정, 중국 외교총장과 정부승인문제 회담을 벌임

11. 9 임정 국무회의, 중국 군사위원회가 제시한 한국광복군 행동준승 9개항을 승인(광복군은 중국의 원조를 받는 대신 작전지휘권을 중국군이 장악)

11.28 임정, 대한민국 건국강령을 발효, 임정의 정치이념과 독립전쟁 준비태세를 천명

11. 임정, 위싱턴에 「구미외교위원회」 설치(위원장 李承晚)

12. 8 일본군, 진주만 기습(태평양전쟁 개시)

12. 9 임정, 대일 선전포고

12.26 중국 국민당정부, 임정에 원조를 시

작(매년 6만 원)

■ 1942년

2.27 워싱턴에서 해외독립운동단체를 망라한 「한족대회」 개최. 미국 WINX에서 실황중계

2. 임정, 미주의 맹호군을 인준

3. 1 임정, 중·미·영·소에 승인을 요구

4. 8 중국 국민정부 국방최고위, 대한민국 임시정부 승인안 의결

5.18 金元鳳의 조선의용대, 임정 광복군에 편입. 이를 계기로 광복군을 개편 총사령 李靑天·부사령 金元鳳·제1지대장 金元鳳 겸임(전 조선의용대)·제2지대장 李範奭(전 제1·제2·제5지대 통합)·제3지대장 金學奎(전 제3지대)

5.29 신임 총독 小磯國昭 부임(南次郎 후임)

10. 1 일경, 독립운동 혐의로 조선어학회원에 대한 대검거 시작. 1943. 3까지 33명 검거, 29명 구속(조선어학회사건) 구속자 명단: 李重華·李允宰·李克魯·崔鉉培·金允經·張志映·李熙昇·鄭寅承·韓證·權承昱·李錫麟(이상 10. 1 검거) 李禹植·金法麟·鄭烈模·李秉岐·李萬珪·李康來·金善琪(이상 10. 18, 21 검거) 李仁·安在鴻·金良洙·張鉉植·徐承孝·鄭寅燮·尹炳浩·李殷相(이상 12. 23 검거) 金度演·徐珉濠(이상 1943. 3. 5 검거)

10. 임시의정원, 의원을 보선(의장 洪震·부의장 崔東旿·내무위원장 崔錫淳·외무위원장 嚴恒燮·법제위원장 崔東旿·예결위원장 楊宇朝·군무위원장 成周寔·학무위원장 金尙德·노동위원장 柳林·징계위원장 趙擎韓)

12. 임시의정원 의원 20명, 개헌안을 발의(1944. 4. 22 개헌안 통과)

＊ 이 해에 金躍淵(종성·77·국민장) 만주 용정에서 죽음(1868~)

■ 1943년

3. 1 총독부, 징병제 공포(8. 1 시행)

6. 광복군 총사령 李靑天, 주인도 영국군 동남아전구사령관 마운트마트 대장과 상호군사협정 체결

8. 3 安熙濟(의령·62·국민장). 만주에서 죽음(1885~)

8.13 광복군, 연합사령부의 요구로 사관 1대를 버마전선에 파견

10.20 일본 육군성, 한국학생의 징병유예를 폐지함(학병제 실시)

11.14 총독부 중추원, 학병 불지망자는 휴학·징용키로 결정

11.27 카이로선언

11.20 학병적격자 1,000명 중 959명이 지원 완료

11.30 10. 1 현재의 징병 적령자의 계출 마감(해당자 266,643명 중 254,753명이 계출)

11.하 임시의정원, 미·영·중 3국 원수에게 「카이로선언」에 대한 감사 메시지 타전

12. 7 재미 한족연합위원회, 카이로선언에 대한 대책을 협의하고 3국원수에 감사전문을 보냄

12. 한인동지회(李承晩계), 한국연합위원회에서 탈퇴

＊ 이 해에 洪範圖(평북 자성·62·대통령장), 시베리아에서 죽음(1868~)

■ 1944년

2.28 총독부, 총동원법에 의하여 전면징용 실시(광산과 군수공장에 동원)

3. 임정, 국내공작특파위원회 및 군사외교단 설치(위원장 金九, 위원 曹成煥·成周寔, 군사외교단장 李靑天)

4.20 총독부, 제1지원병훈련소 13기생 및 제2지원병훈련소 2기생 수료(지원병제도 끝남. 6년간 17,644명 배출)

4.22 임시의정원, 임시의회(제36회)를 소집, 제5차 개헌안 통과(주석의 권한 강화, 부주석제 신설, 행정부를 국무위원회와 행정연락회의로 구분함)

4.22 기독교인의 신사참배 강요에 항거 투쟁하던 목사 朱基徹(창원·63·국민장) 순교(1897~)

4.24 임시의정원, 임정 국무위원을 선출(주석 金九, 부주석 金奎植, 국무위원 李始榮·朴贊翊·張建相·曹成煥·趙琬九·趙素昻·車利錫·黃學秀·成周寔·柳林·金星淑·金若山·김붕준·趙擎韓)

5. 8 임정 국무회의 부장 임명(내무부장 申翼熙·외무부장 趙素昻·군무부장 金若山·법무부장 崔東旿·재무부장 趙琬九·선전부장 嚴恒燮·문화부장 최석순)

5. 주중국 미공군사령관 웨드마이어 장군의 원조를 얻어 광복군 제2·제3지대에 낙하산 부대를 창설, 훈련 실시

6. 프랑스와 폴란드 정부, 주중대사관을 통해 임정 승인을 통고

7.25 총독에 阿部信行 임명됨

8.23 총독부, 여자정신대 근무령 공포 시행(만 12세 이상 40세 미만의 배우자가 없는 여성을 일본·남양 등지로 징용)

8. 총독부, 신부를 구속하고 신부·신학생을 군인 또는 노무자로 징용. 평양·대전·연안 등 전국 각지의 성당을 군 사용으로 접수

9.30 조선어학회사건 예심종결. 李克魯(6년), 崔鉉培(4년), 李熙昇(3년6개월), 鄭寅承·정태진·金法麟·李重華·李禹植·金良洙·金度演·李仁(이상 2년)

9. 呂運亨, 지하비밀단체 「건국동맹」조직

12. 평양사단 한인학병들의 탈출. 항일게릴라전 계획이 발각되어 70여 명 검거됨(총책 金完龍·총무책 朴性和·작전책 全相燁·정보책 李道秀) 1945. 5 군사재판에서 27명이 실형 언도(5년 이상의 수형자 金完龍·朴性和·全相燁·崔泓熙·崔正洙·盧永俊·金泰善·李道秀·韓春燮·金文植·沈重傑·趙明壽 등 12명)

■ 1945년

2. 4 얄타협정

7.26 포츠담선언(카이로선언 이행을 확인, 한민족의 독립을 공약)

7. 광복군, 국내정진총지휘부 조직, 국내 탈환작전 결정(총지휘 李範奭)

8. 6 미국, 일본 廣島에 원자탄 투하

8. 8 소련, 대일참전. 소련군 두만강 넘어 경흥 일대로 진격

8.10 소련군, 웅기 점령

8.12 소련군, 나진·청진 상륙

8.14 呂運亨, 총독부의 정권 인수 교섭에 동의

8.15 일본 천황, 항복 방송(정오). 조선건국준비위원회(건준) 발족(위원장 呂運亨, 부위원장 安在鴻·張德秀), 전국 형무소에서 독립운동자 등 2만여 명 석방 시작

8.17 건준, 중앙조직 완료(방송·신문 장악, 한국 전역에 인민위원회 조직)보안대·치안대·학도대 결성

8.18 광복군 李範奭 장군, 중국 서안에서 미국 특별기편으로 여의도공항 도착 곧 귀환

8.24 소련군, 평양 점령코 사령부 설치

8.25 미군 일부 인천 상륙, 미·소 양군의 북위 38도선 분단점령을 미국서 방송

9. 2 맥아더 사령관, 북위 38도선 경계로 미·소 양군 분담점령책 발표

9. 7 미 극동사령부, 남한에 군정 선포

9. 8 하지 중장의 미24사단 서울에 진주

9.11 하지 중장, 미군정 시정방침 발표, 군정장관에 아놀드 소장 취임

9.상 金日成(金成柱)·金策·金一 등 소련군과 함께 입북

10.16 李承晩, 미국에서 귀국

11.23 임시정부 요인 제1진(주석 金九·부주석 金奎植) 등 개인 자격으로 환국

12. 1 임시정부 요인 제2진 환국

해설자 소개

李圭憲

1931년 12월 21 醴泉 출생
대구의대본과를 거쳐 경북대 영문과 졸업
서울신문·동화통신 기자
자유문학편집장
월간 <남북> 발행인
한국문인협회회원
한국역사자료연구원원장

<주요저서>
창작집 <泡>
한국독립투쟁사(1983)
민주통일운동사(1986)

사진으로 보는 **獨立運動 (上)** ▪외침과 투쟁

1996년 6월 1일 제2판 1쇄 발행
2020년 8월 25일 제2판 11쇄 발행

발행자   최 석 로
발행처   서 문 당

주 소 / 경기도 고양시 일산서구 덕산로 99번길 85
전 화 / 031-923-8258 팩스 / 031-923-8259
창업일 / 1968. 12. 24
등록번호 / 제 406-313-2001-000005 호
ISBN 978-89-7243-019-3

Printed in Korea 초판 발행 1987.6.20   * 잘못된 책은 바꾸어 드립니다